인생혁명

인생 혁명

**저자** 김원태

**초판 1쇄 발행** 2022. 3. 8.
**초판 4쇄 발행** 2023. 10. 25.

**발행처** 도서출판 브니엘
**발행인** 권혁선

**책임편집** 김지연
**책임교정** 조은경

**등록번호** 서울 제2006-50호
**등록일자** 2006. 9. 11.

서울특별시 송파구 백제고분로28길 25 B101호 (05590)
**마케팅부** 02)421-3436
**편집부** 02)421-3487
**팩시밀리** 02)421-3438

**ISBN** 979-11-90308-67-0 03230

**독자의견** 02)421-3487
**이메일** editorkhs@empal.com

**북카페 주소** cafe.naver.com/penielpub.cafe
**인스타그램** @peniel_books

도서출판 브니엘은 독자들의 원고를 설레는 마음으로 기다리고 있습니다.
위의 이메일로 간단한 기획 내용 및 원고, 연락처 등을 보내주십시오.

도서출판 브니엘은 갓구운 빵처럼 항상 신선한 책만을 고집합니다.

[ 인생의 주인을 바꾸는 것이 인생 혁명이자 최고의 성공이다 ]

# 인생 혁명

김원태 지음 | 유기성 목사 강력추천

브니엘

예수님과 친밀히 동행하라

인생을 살다가 몇 번 평생 간직해도 좋을 책을 만나게 된다. 그때처럼 행복한 순간도 없을 것이다. 김원태 목사님은 코스타에서 함께 말씀을 전하다가 만났다. 그 코스타에서 인상 깊고 은혜로운 목사님의 말씀을 듣고 참 행복하였다. 그런데 이번에 내신 책을 읽으면서 그때 받은 감동과 비교할 수 없는 기쁨을 얻었다.

예수 믿는다는 것을 이처럼 명확하게 정확히 설명한 책은 만나기 쉽지 않다. 이 책은 예수님을 믿고도 왜 삶의 변화가 없고 감동 없이 바리새인처럼 사는지 깨우쳐준다. 그리고 예수님이 주인 되신 삶이 무엇인지 성경에 근거한 실제적인 예를 들어 너무나 알기 쉽게 감동적으로 설명해준다.

나는 '나는 죽고 예수로 사는 십자가 복음'을 깨닫고 삶이 변화되었다. 그리고 평생 그 복음을 전하며 살았다. 그것이 이 책에 그대로 설명되어 있으며, 더 풍성하게 드러나 있어 감격스러웠다. 예수님과 함께 죽는다는 것이 무엇인지, 부활의 주님과 함께 산다는 것은 또 무엇인지, 그리고 예수님이 삶의 주인이 되는 것은 어떻게 사는 것인지도 이 책을 읽으면 잘 알게 된다. 이보다 더 고맙고 유익한 책이 있을까?

"나는 죽고 예수로 산다."

"예수님 한 분이면 충분하다."

"예수님이 나의 주인이시다."

이런 고백을 부담스러워하고 두려워하는 이들이 있다. 그런 사람들에게 이 책을 읽으라고 추천하고 싶다. 마음이 완전히 바뀔 것이다. 예수님이 주인 되신 삶을 사모하게 될 것이다.

예수님을 믿고도 힘들고 지쳐 답답한 삶을 사는 분이 있다면 이 책을 읽으라고 권하고 싶다. 예수님을 주인으로 모셔야 그 문제가 해결된다. 그때부터 예수님과 친밀히 동행하게 되고, 분명 어제와 다른 오늘을 살 수 있다. 전혀 새로운 길이 열릴 것이다.

문제가 많아 하루하루 사는 것이 힘들지라도 낙심하지 말라. 우리를 능히 구원할 예수님이 함께 계신다. 그분은 만왕의 왕이시다. 그 왕은 사망조차 이기신 전능한 왕이시다. 왕이신 예수님을 당신의 주인으로 모시기만 하면 된다. 그분이 당신을 최고의 길로 인도해주실 것이다. 그러면 삶이 축제가 될 것이다. 매일 나는 죽고 예수로 살면 정말 최고의 인생이 펼쳐질 것이다.

저자를 따라 외쳐보기 바란다.

"나는 이제 주님의 것이다"(I am now the Lord's).
"나의 주인은 예수님이시다"(My lord is Jesus).

당신 삶에 예수가 전부가 되게 하라. 예수가 나의 주인이 되는 것은 인생 최고의 행운이다. 이 책이 당신을 그렇게 인도할 것이다.

**유기성** 목사 _ 선한목자교회 원로

먼저 이처럼 놀라운 'LORDSHIP 진술'을 할 수 있도록 목사님을 감동하신 하나님을 찬양한다. 예수님의 주님 되심과 죄의 뿌리를 분명하게 들춰내신 목사님의 탁월한 필력에 감복하였다. 그리고 저서 전체가 완벽한 복음임과 동시에 주님의 부름받은 사람들의 완벽한 삶의 길을 안내하는 매우 훌륭한 명저라고 생각되었다.

하나님의 형상으로 창조된 존재로서 하나님과 연합된 관계 속에서만 행복을 추구할 수 있는데, 하나님으로부터 독립을 추구함이 죄의 뿌리라고 핵심을 밝혀주었고, 이런 죄인들이 지금까지 자신이 주인으로 살아왔던 삶을 내려놓고 주인을 바꾸는 것이 예수 믿는 삶이라는 진술은 다시 보기 어려운 탁월한 명언이었다.

아울러 일부러 성령님의 역사를 잊으려 하고, 성령님의 실제 활동에 대해 반신반의하는 우리 장로교 교단의 경향을 뒤엎고, 성령님의 역사에 대해 진솔하게 기록한 대목은 성령 충만의 경험이 없는 사람에게서는 기대할 수 없는 은혜에 따른 진술이었다.

그리고 지금 한국교회는 선교 100년을 훌쩍 넘기면서 점점 경화되고 바리새적 외식에 물들어가고 있을 즈음이라 생각한다. 그래서 자칫 이성으로만 믿는 껍데기 신앙의 매너리즘에 빠져가고 있을 상황에 주인이신 주님과 함께 예배하고, 함께 살아가는 생생한 신앙생활을 소개함으로써 완벽한 그리스도인의 삶을 제시한다는 것은, 매우 획기적인 역작이라고 생각된다.

무엇보다도 그 많은 성경 구절을 일일이 찾아 제시하면서 논리를 탄탄하게 세워가는 대목에서는 저자에게 임한 성령님의 감동과 감화가 얼마나 컸던 것인가를 느끼게 했다. 그리고 그것을 유지하고 더 분명하게 밝히기 위해서 책상에서 성경에 집중하는 저자의 모습이 내 눈에 선하게 떠올라 그 감동을 온몸으로 느끼게 되었다.

**이윤동** 목사 _ 청계중앙교회 담임

매일 왕이신 예수와 동행하라

인도의 시킴주 북동부에 있는 라충 마을은 국경지역으로 그 마을의 고개만 넘으면 티벳이다. 그래서 그 라충 마을은 외국인은 들어가지 못하는 제한구역이다. 평소에 친구로 사귄 시킴 정부의 농림부 차관에게 부탁하여 라충 마을에 들어가게 되었다. 마침 그곳은 그의 고향이었다.

시킴 왕이 히말라야산 위에 올라가 제사를 지내려고 이 마을을 지나가면 할아버지는 왕을 환대하고 신실하게 잘 섬겼다. 시킴 왕은 할아버지를 너무 좋아하여 그에게 왕궁에 들어와 왕을 섬기라고 하였다. 그러나 할아버지는 "나는 촌부에 불과한데 어찌 왕궁에 들어가 왕을 섬기겠습니까?" 하며 정중히 사양하였다. 그러자 왕이 그 할아버지에게 "너의 소원이 무엇인가? 내가 들어주마" 하자 할아버지는 "나는 촌부인지라 그저 조그마한 땅만 있으면 좋겠습니다"라고 말했다. 왕은 "저기 멀리 보이는 산과 반대편 보이는 산 사이의 모든 땅을 너에게 주마" 하였다. 그리하여 그 넓고 큰 땅을 할아버지가 소유하게 되었다.

그 땅에는 여러 개의 계곡과 강이 흐르고 있고, 여러 개의 온천과 넓은 평야도 있었다. 시킴 왕국은 1975년 인도와 병합하여 역사에서 사라졌다. 그러나 왕의 말에는 힘이 있다. 그 왕국은 사라졌지만 왕의 말은 여전히 힘이 있어 그 할아버지의 후손들이 그 땅을 모두 차지하게 되었다.

왕의 말에는 힘이 있다. 왕을 멀리서 알고 있는 것과 왕 가까이에서 동행하는 것은 엄청난 차이가 있다. 당신의 왕은 누구인가? 나는 김원태 목사님이 쓰신 「인생 혁명」이라는 책을 손에 잡는 순간 순식간에 다 읽었다. 이 책에서는 예수가 왕이시며 주인이심을 아주 명쾌하게 설명하고 있다. 수많은 교인이 예수를 그저 구세주로만 알고 삶에는 아무런 변화도 없이 나약한 모습으로 살아가고 있다. 이 책을 통해 예수를 구세주로만 여기는 종교인으로 지내는 차원에서 벗어나 삶의 왕으로, 주인으로 모시는 생명이 넘치는 삶이 되길 바란다.

이 책은 자기 신앙의 한계를 극복하고자 하는 사람, 예수 믿는다고 하지만 천국에 들어갈 확신이 없는 사람, 기독교 신앙의 핵심을 정확하게 알기를 원하는 사람에게 명쾌한 답을 제시해준다. 이 책은 예수를 왕으로 모실 때 우리 인생이 왕의 인생이 됨을 말하고 있다. 나는 이 책을 통해 모든 그리스도인이 예수를 왕으로 모시고 날마다 왕의 하루가 되길 기도한다. 나는 이 책을 내가 만나는 모든 사람에게 전해주고 싶다.

**조동욱** 선교사 _ 네팔, THN히말라야 선교촉진자 수많은 사상가와 철학가와 문학가들이 인생은 어디에서 와서 무엇을 하다가 어디로 가는지 질문하지만 분명한 답을 찾지 못한다. 분명한 것은 내가 살아 존재하다가 죽는다는 것뿐이다. 인생을 바로 살려면 현재 내가 서 있는 자리가 어디에서 왔으며 현재에 나를 존재하게 하는 힘이 무엇이고 내가 어디로 가고 있는지 알아야 한다. 현재의 내가 어디로부터 왔는지 모른다면 현재의 존재를 아무리 바라보아도 잘 알 수 없다.

칼뱅은 그의 책 「기독교강요」 첫 장에서 "참된 지식이란 하나님을 아는 것과 나를 아는 것"이라고 말했다. 맞는 말이다. 나를 이 땅에 보내신 하나님을 알아야 하고 내가 누구인지 알아야 한다. 나를 이 땅에 보낸 분이 있다는 것을 모르는 현대 문학의 결론은 허무이고, 철학의 결론은 혼돈이며, 사상의 결론은 방황이다.

문학의 천재라고 불리는 데이빗 쏘로우는 "세상 사람들은 조용한 절망 속에 살아가고 있다"고 말했다. 그는 왜 이런 말을 하는가? 자신이 누구인지 모르기 때문이다. 현대 교육은 나를 이 땅에 보내신 분이 누구인지 알지 못한 채 "너 자신이 주인이 돼라" "네가 세상의 중심이 돼라"고 가르친다. 그래서 잘되면 교만해지고 못되면 열등감에 빠지게 된다. 바울은 자신이 존재하고 있는 것은 바로 하나님의 힘이라고 고백하였다.

"우리가 그를 힘입어 살며 기동하며 존재하느니라"(행 17:28).

내가 어디에서 왔으며 현재의 나를 존재하게 하는 힘이 무엇인지 아는 자는 아무리 큰 고난이 와도 폭발적인 에너지를 드러내는 열정적인 인생을 살 것이고, 그것을 모르는 자는 조용한 절망 속에서 우울한 인생을 살다 마칠 것이다.

인생을 바로 살기 위해서는 내 주인이 누구인지 반드시 알아야 하고, 내가 누구인지 알아야 한다. 내 주인이 누구인지 모른 채 내가 내 인생의 주인이 되어 사는 자는 이 세상에서 아무리 큰 성공을 하였다고 해도 그는 주인의 뜻과 상관없는 인생을 산 자이기에, 이미 인생을 낭비한 자이고, 결국 주인으로부터 책망받는 비참한 사람이 될 것이다.

솔로몬은 내가 주인이 되어 사는 인생은 아무리 많은 돈을 벌고 아무리 큰 성공을 했다 하더라도 "헛되고 헛되며 헛되고 헛되니 모든 것이 헛되도다"(전 1:2)라고 말하였다. 솔로몬은 말년에 쓴 책 마지막 장에서 인생을 잘사는 길은 우리 인생의 주인이신 창조주 하나님을 기억해야 함을 말한다.

"너는 청년의 때에 너의 창조주를 기억하라. 곧 곤고한 날이 이르기 전에, 나는 아무 낙이 없다고 할 해들이 가깝기 전에 해와 빛과 달과 별들이 어둡기 전에, 비 뒤에 구름이 다시 일어나기 전에 그리하라"(전 12:1-2).

한 번밖에 살지 않는 짧은 인생을 후회하지 않는 인생으로 살려면 인생의 주인을 분명히 해야 한다. 이 책을 읽는 모든 사람은 내인생의 주인이 누구인지를 분명히 알고, 또 그 주인을 마음에 모시고 살다가 죽음을 두려워하지 않고 기쁨으로 천국에 가는 사람이 되길 바란다. 이 책은 불신자는 물론 예수를 잘 믿는 성도들도 읽고 주인을 바꾸는 축복이 있기를 기대한다.

나는 예수 믿는 수많은 교인 중에도 예수를 믿는다고 입으로만 말하고, 정말 예수를 주인으로 모시지 않고 살다가 천국에 들어가지 못하는 안타까운 일이 일어날 것에 대한 두려움이 있다. 평생 예수를 믿었는데 천국 문 앞에서 예수님께서 "나는 너를 알지 못한다"고 말씀하신다면 얼마나 황당한 일인가? 그런데 정말 그런 일이 일어날 것이라고 예수님께서 말씀하셨다. 복음서에 나오는 예수님의 경고를 가볍게 여기면 안 된다. 심지어 예수를 믿고 능력을 행하는 자들을 향해서도 예수님은 그들을 알지 못한다고 말씀하셨다.

"나더러 주여 주여 하는 자마다 다 천국에 들어갈 것이 아니요 다만 하늘에 계신 내 아버지의 뜻대로 행하는 자라야 들어가리라. 그날에 많은 사람이 나더러 이르되 주여 주여 우리가 주의 이름으로 선지자 노릇 하며 주의 이름으로 귀신을 쫓아 내며 주의 이름으로 많은 권능을 행하지 아니하였나이까 하리니 그때에 내가 그들에게 밝히 말하되 내가 너희를 도무지 알지 못하니 불법을 행하는 자들아 내게서 떠나가라 하리라"(마 7:21-23).

나는 이 책을 읽는 모든 사람이 예수를 구세주로만 믿는 수준에서 벗어나 매일 예수님을 주인으로 모시고 사는 진짜 그리스도인이 되길 기도한다. 교회 안에는 교회를 아무리 다녀도 삶의 아무런 변화가 없는 사람이 많다. 그들은 아무리 교회를 다녀도 아무런 감격도 흥분도 없이 그저 주일날 의무적으로 교회만 갈 뿐이라는 사실을 자신도 알고 있다. 그들은 예수를 믿는다고 말만 할 뿐 진정 예수를 주인으로 모시고 살지 않는다. 만약 당신이 당신 스스로가 주인이 되는 삶을 버리고 예수를 주인으로 모시고 산다면 삶에 혁명이 일어날 것이다. 나는 예수를 구세주로만 믿다가 정말 주인으로 모시고 살자 분명한 변화가 일어났다.

첫 번째로 아내와의 갈등이 사라졌다. 우리 부부는 일 년 내내 거의 다툼이 없다. 내가 인격이 훌륭하거나 아내가 인격이 훌륭해서가 아니다. 둘 다 예수님을 주인으로 모시고 살기에 우리 부부 안에 계시는 두 예수님이 서로 싸우실 리가 없기 때문이다.

두 번째로 염려, 근심, 걱정이 사라지고 오히려 기대가 생겼다. 예수를 믿는다고 말은 하지만 내가 주인이 되어 사는 자는 늘 걱정이 앞선다. 그러나 예수님을 주인으로 모시고 살면 모든 것이 기대로 바뀐다.

이 책을 읽는 모든 사람이 날마다 예수를 주인으로 모시고 살아서 삶 전체가 축제가 되길 바란다. 내 인생이 내 것이라고 착각하는 자가 예수를 내 주인으로 모시고 사는 자가 되는 것은 인생 혁명이다. 이보다 더 큰 축복, 더 큰 은혜는 없다. 내 인생의 주인을 예수로 바꾼다면 이 땅의 삶이 변화되고 영원한 삶이 변화된다.

예수의 종 김원태 목사

# C·O·N·T·E·N·T·S
## 차 례

## 1. 나를 이 땅에 보내신 주인이 있다                    023

집마다 지은 이가 있으니 만물을 지으신 이는 하나님이시라.

## 2. 죄의 뿌리는 바로 '나'이다                         047

또한 그들이 마음에 하나님 두기를 싫어하매 하나님께서 그들을 그 상실한
마음대로 내버려 두사 합당하지 못한 일을 하게 하셨으니.

## 3. 예수님은 나의 메시아(구세주)며 주인이시다              071

죄의 삯은 사망이요 하나님의 은사는 그리스도 예수 우리 주 안에 있는 영생
이니라.

## 4. 예수님은 나의 주인이 되기 위해 죽으셨다               093

우리가 살아도 주를 위하여 살고 죽어도 주를 위하여 죽나니 그러므로 사나
죽으나 우리가 주의 것이로다. 이를 위하여 그리스도께서 죽었다가 다시 살
아나셨으니 곧 죽은 자와 산 자의 주가 되려 하심이라.

## 이 책을 효과적으로 사용하는 방법

※ 이 책을 제자훈련 교제로 총 8주 동안 소그룹 모임을 한다.

▶ **구호 복창 3번**
- "예수가 주인이시다!"

▶ **주제 찬양**
- '내가 주인 삼은 모든 것 내려놓고' '구주와 함께 나 죽었으니'

▶ **강의 60분, 소그룹 모임 30분**
- 소그룹 모임은 매 과 뒤에 있는 소그룹 모임 문제를 같이 풀면 된다.

▶ **조 편성**
- 한 조는 8명으로 하고 조장과 부조장을 세운다.
- 조장과 부조장은 1주일 동안 조원의 이름을 부르며 기도한다.

※ 매주 주제 성구 한 구절을 암송한다.

▶ **암송 구절**
- **1과** "집마다 지은 이가 있으니 만물을 지으신 이는 하나님이시라"(히 3:4).
- **2과** "또한 그들이 마음에 하나님 두기를 싫어하매 하나님께서 그들을 그 상실한 마음대로 내버려 두사 합당하지 못한 일을 하게 하셨으니"(롬 1:28).

- **3과** "죄의 삯은 사망이요 하나님의 은사는 그리스도 예수 우리 주 안에 있는 영생이니라"(롬 6:23).

- **4과** "우리가 살아도 주를 위하여 살고 죽어도 주를 위하여 죽나니 그러므로 사나 죽으나 우리가 주의 것이로다. 이를 위하여 그리스도께서 죽었다가 다시 살아나셨으니 곧 죽은 자와 산 자의 주가 되려 하심이라"(롬 14:8-9).

- **5과** "너희를 불러 그의 아들 예수 그리스도 우리 주와 더불어 교제하게 하시는 하나님은 미쁘시도다"(고전 1:9).

- **6과** "그가 모든 사람을 대신하여 죽으심은 살아 있는 자들로 하여금 다시 그들 자신을 위하여 살지 않고 오직 그들을 대신하여 죽었다가 다시 살아나신 이를 위하여 살게 하려 함이라"(고후 5:15).

- **7과** "너희가 악할지라도 좋은 것을 자식에게 줄 줄 알거든 하물며 너희 하늘 아버지께서 구하는 자에게 성령을 주시지 않겠느냐 하시니라"(눅 11:13).

- **8과** 예수의 주인 됨에 대한 참고도서로 「예수가 나의 주인이시다」를 읽고 나누면 더 큰 은혜가 될 것이다.


▶ **특이 사항**
- 7주 차는 성령 충만을 위해서 모든 조원이 일주일 동안 특별 기도를 한다.
- 8주 차는 강의 후에 유튜브에서 〈파인애플 이야기〉를 찾아서 상영한다.

집마다 지은 이가 있으니
만물을 지으신 이는 하나님이시라. 히 3:4

—

# 나를 이 땅에 보내신
# 주인이 있다

나는 우연히 태어났는가? 아니면 정말 나를 이 땅에 보내신 분이 있는가? 이런 고민을 하는 사람은 "신이 존재하는가?"라는 질문에 맞닿게 된다. 인생을 사는 사람은 누구나 이런 질문을 한다. 이런 질문이 없이 산다면 그는 현실의 문제에 사로잡혀 눈을 감고 사는 사람이다. 조금만 생각해보면 신이 존재한다는 것은 너무나 분명해진다.

## 자연을 보라

자연은 우연히 만들어진 것이 아니다. 자연을 자세히 살펴보면 자연을 만드신 분이 계신다. 나는 대학시절 "하나님이 정말 존재하는가?"라는 질문에 빠졌다. 그때 나에게 준 강력한 답이 바로 자연의 질서였다. 우주는 영어로 '코스모스'(kosmos)다. 이 '코스모스'라는 단어 안에는 '질서'라는 뜻이 들어 있다. 우주는 아무렇게나 되어 있는 것이 아니고 완벽한 질서가 있다.

지구는 하루에 한 바퀴 시속 1,670km로 자전한다. 만약 지구가 자전을 멈추면 대기의 공기는 1,670km로 움직이기에 지구에는 어마어마한 폭풍이 불어 지구상의 모든 물건이 다 날아갈 것이며, 달과 지구가 부딪혀 지구는 사라질 것이다. 또 태양열을 받는 곳은 계속 뜨거워져서 생물이 살 수 없게 될 것이고, 태양열을 받지 않는 곳은 어둠과 함께 엄청난 추위가 있을 것이다. 지구가 매일 하루에 한 번 자전하는 것은 큰 축복이다.

지구는 자전만 하는 것이 아니라 태양을 중심으로 1년에 한 번 공전한다. 공전의 속도는 시속 107,100km이다. 엄청난 속도다. 만약 지구가 공전하지 않는다면 봄, 여름. 가을, 겨울이 없을 것이다. 지구가 태양을 한 번 돌고, 돌아오는 공전 주기는 365일 5시간 48분이다. 1년에 약 6시간이 남는다. 4년이면 24시간, 즉 하루가 남게 된다. 그래서 28일로 끝나는 2월에 4년마다 29일이라는 하루를 넣어준다. 그것은 그만큼 정확하게 지구가 태양을 돈다는 것을 말한다.

과학자들은 지구가 자전과 공전하는 것은 아는데 무엇이 지구를 자전하게 하는지, 또 공전하게 하는지는 모른다. 그래서 사람 눈에 보이지 않는 손(Invisible Hand)이 있다고 말한다. 그 눈에 보이지 않는 손이 바로 하나님이시다.

태양 주변에는 8개의 행성이 있다. 수성, 금성, 지구, 화성, 목성, 토성, 천왕성, 해왕성. 이 행성은 모두 정확하게 태양을 도는 주기를 가지고 있다. 수성은 88일, 금성은 225일, 지구는 365일, 화성은 687일, 목성은 12년, 토성은 29년, 천왕성은 84년, 혜왕성은 165년. 태양 주위에 있는 행성들이 이런 정확한 주기를 가지고 있다는 것은 이 주기가 우연히 만들어진 것이 아니라 누군가가 이 주기를 정한 자가 있고 이 주기대로 움직이게 하는 분이 있다는 말이다. 이것을 저절로 우연히 되었다고 말하는 것은 자기 스스로 과학을 부정하는 사람이 되는 것이다.

태양에 대해서도 조금 살펴보자. 태양은 지구와의 거리가 1억 4,960만km이다. 지구와 태양의 거리가 이보다 더 멀었다면 지구에 사는 사람은 다 얼어 죽었을 것이고, 이보다 더 가까웠다면 지구에 사는 사람은 다 타죽었을 것이다. 과학자들은 지구와 태양 사이에 이렇게 정확한 거리를 두고 있는 것은 그저 신비라고 말한다. 할 말이 없으면 신비라고 표현하는 것이다. 우리는 이것을 하나님의 작품이라고 말한다.

거대한 열과 불빛을 발하는 태양의 온도는 엄청나다. 태양 표면의 온도는 6,000도이고 내부 온도는 1,500만 도이다. 태양의 온도가 매년 1도씩만 낮아진다고 해도 지구에 사는 우린 얼어 죽었을 것이다. 누가 태양에 가스를 주입하고 있는가? 누가 태양에 석유를 붓고 있는가? 도대체 무슨 힘이 지구가 시작된 이래 6천 년 동안 태양이 똑같은 온도를 유지하게 하는가? 과학자들은 그저 신비라고 말할 뿐이다.

나는 지구가 돈다는 사실과 태양이 엄청난 온도를 계속 유지하고 있다는 사실 앞에 하나님에 대한 의심이 사라졌다. 이런 일들이 저절로 되었다고 말하는 자는 하나님이 계신다는 사실을 애써 거부할 뿐이다.

당신의 손목시계를 시침, 분침, 초침, 그리고 수많은 톱니바퀴로 분해하여 세탁기 속에 집어넣었다고 하자. 그리고 세탁기를 1시간 돌렸는데 지금 시계처럼 정확하게 만들어져서 다시 분침이 1분에 정확하게 60초를 돈다고 말한다면 아무도 믿지 않을 것이다. 1년을 돌렸는데 그렇게 되었다고 해도 믿지 않을 것이다. 그런데 100년을 돌렸더니 완벽한 시계가 되었다고 한다면 혹시라도 믿는 어리석은 사람이 있다.

이 작은 시계 하나도 누군가가 만들어야 초침이 일 분에 60초를 돈다. 하물며 이 거대한 지구가 우연히 정확하게 하루에 한 바퀴씩 돌 수는 없다. 그런데 어떤 사람들은 지구가 100억 년 만에 만들어졌고, 지구가 하루에 한 바퀴씩 돈다고 말하면 믿는 사람들이 있다. 아무리 긴 시간을 준다고 해도 지구가 저절로 하루에 한 바퀴씩 돌 수는 없다. 반드시 누군가가 지구를 만들고 돌리는 자가 있어야만 가능한 일이다.

우리가 사는 이 지구와 온 우주가 저절로 존재한다고 말하는 사람은 참으로 어리석은 자이다. 우주 전체를 다 보지 않고 지구 하나만 보아도 지구를 둘러싼 모든 게 얼마나 정교한지 모른다. 지구 표면에는 공기가 있는 대기권이 있다. 이 대기권이 있어서 지구로 떨어지는 수십억 개의 우주 파편을 불태워 지구를 보호한다. 지구 위로 16~50km 상공에는 오존층이 있다. 만약 이 오존층이 없다면 지구상에 생물은 존재할 수 없게 된다. 왜냐하면 태양에서 지구로 떨어지는 8가지 광선은 지구상에 사는 모든 생물의 시력을 잃게 만들고 화상을 입히기 때문이다. 오존층이 이런 살인적인 광선을 차단해준다.

또 대기권에 있는 공기는 질소 78%, 산소 21%, 미량원소 1%로 구성되어 있는데, 이것을 과학자들은 황금비율이라고 말한다. 만약 산소의 비율이 조금만 높아진다면 모든 나무가 서로 부딪쳐 다 불타버렸을 것이고, 산소 비율이 조금만 낮아진다면 모든 생물이 호흡곤란으로 죽을 것이다. 이런 사실을 열거한다면 끝이 없다.

사람을 달에 살게 하려면 최소한 20만 가지의 조건을 갖추어야 한다고 말한다. 지금 지구가 사람이 살기에 아주 완벽한 조건을 가지고 있는 것을 우연이라고 말하면 안 된다. 이 정도로 완벽한 조건을 가지려면 반드시 이 모든 것을 다 아는 설계자가 있어야 한다. 지구가 우연히 존재한다고 누가 말하는가?

"집마다 지은 이가 있으니 만물을 지으신 이는 하나님이시라"(히 3:4).

조금만 생각해보면 신이 존재하신다는 것은 너무나 분명해진다. 지금 내가 생각하는 지식은 하나님의 광대하심을 알면 너무나 초라하고 부족하다는 것을 알게 된다. 우리가 알고 있는 우주가 어느 정도 큰지 생각해보자. 빛은 지구를 1초에 7바퀴 반을 돈다. 이 속도로 지구에서 달까지는 1.3초 걸린다. 즉 지구 9바퀴를 돌면 달에 간다는 말이다. 빛의 속도로 지구에서 화성까지 가는 데는 4분이 걸린다. 즉 지구 1,800바퀴를 도는 정도의 거리다. 그러면 지구에서 화성까지 거리가 어느 정도인지 짐작이 될 것이다.

지구에서 빛의 속도로 태양계에 있는 8개 행성 말고 가장 가까운 별까지 가는 데는 4년 4개월이 걸린다. 은하계는 둥근 타원형을 하고 있는데, 은하계의 이 끝에서 저 끝까지의 거리는 광속으로 약 10만 년 정도 걸린다. 그러면 이 우주의 크기가 얼마나 큰지를 어느 정도는 상상할 수 있을 것이다. 과학자들은 이 우주에 있는 별들의 수는 이 세상에 있는 모든 해변의 모래알보다도 더 많다고 한다. 우리는 하나님의 광대하심 앞에 내 교만을 버려야 하고 내 초라함을 알아야 한다. 우주 만물이 신이 만든 것이 아니라 저절로 우연히 지어졌다고 말하는 자는 어리석은 자이다.

"어리석은 자는 그의 마음에 이르기를 하나님이 없다 하는도다"
(시 14:1).
"만물이 그로 말미암아 지은 바 되었으니 지은 것이 하나도 그가 없이는 된 것이 없느니라"(요 1:3).

우주의 주인은 하나님이시다. 모든 것의 시작은 하나님이시다.


## 동물 세계를 보라

연어는 자기가 태어난 곳에 와서 알을 낳고 생을 마감한다. 연어는 바다에 가서 수년을 살다가 내비게이션이나 지도도 없이 정말로 기적같이 자신이 태어난 모천으로 돌아와 산란을 마치고 죽는다. 이것을 귀소본능이라고 말한다.

새들도 이런 귀소본능이 있다. 영국의 한 조류학자는 웨일스 해안에서 섬새 한 마리를 잡아 다리에 띠를 맨 후 미국 매사추세츠의 보스턴으로 운반했다. 거기서 그 새를 풀어주었다. 그랬더니 그 새는 정확히 12.5일 후에 4,900km 떨어진 자기의 보금자리에 돌아왔다. 섬새는 아무런 표시도 없는 바다를 홀로 건너 자기의 보금자리로 안전하게 도착했던 것이다. 새의 뇌에는 본능이라고 부르는 설명할 수 없는 능력이 있다.

새와 연어의 귀소본능을 보면 하나님께서 새와 다른 동물들의 내부에 '시계와 나침반'을 장치하셨다는 것을 알게 된다. 누가 동물들에게 이런 귀소본능이라는 능력을 갖게 하였는가? 절대로 우연이 아니다. 창조주이신 하나님께서 자연계의 생물을 창조하셨을 때 각 종에게 어떤 특별한 능력과 본능을 주셨다.

동물의 체온은 동물마다 다르다. 사람은 36.5도, 젖소 38.6, 양 39.1, 돼지 39.2, 닭 41.7도. 이 정해진 체온을 벗어나면 죽게 된다. 누가 각 동물마다 다르게 온도를 정해 두었는가? 절대로 우연이 아니다. 이렇게 온도를 정한 분이 계신다.

동물의 세계를 보면 먹이사슬이 피라미드 구조를 하고 있다. 만약 이 먹이사슬 구조를 인위적으로 무시하면 큰 재앙이 따른다. 중국의 등소평은 참새들이 이삭을 먹는 것을 보고 참새를 모두 제거하는 소탕작전을 하여 참새를 모두 잡아버렸다. 그랬더니 그해에 벌레가 너무 많아서 농작물에 엄청난 손실을 가져와 다시 참새를 키웠다.

뉴질랜드에서는 겨울에 늑대들이 많아 사냥꾼을 풀어 늑대들을 모두 사살했는데 그해 겨울에 양들이 추위에 얼어 죽었다. 양의 천적인 늑대들이 없어지자 적당한 긴장이 사라져 겨울 추위도 이기지 못하였던 것이다. 그래서 다시 늑대를 수입하여 풀어주었다.

동물계만 주인이 있는 것이 아니라 식물 세계도 동일하게 주인이 있다. 이 세상에 있는 모든 나무는 수명이 없다. 그 이유는 나무는 산소를 만들어내고 이산화탄소를 흡수하기 때문이다. 반대로 사람은 이산화탄소를 만들어내고 산소를 흡수한다. 나무는 사람의 유익을 위해 존재하도록 창조된 것이다.

자연의 생태계를 보면 완벽한 조화를 이루고 있다. 자연의 위대함은 사람이 자연에 손만 대지 않으면 다시 저절로 환경이 회복된다는 것에 있다. 이것은 우연이 아니라 자연을 움직이는 보이지 않는 손이 있다는 말이다. 우리 눈에 보이는 모든 자연에는 하나님의 지문이 찍혀 있다.

> "창세로부터 그의 보이지 아니하는 것들 곧 그의 영원하신 능력과 신성이 그가 만드신 만물에 분명히 보여 알려졌나니 그러므로 그들이 핑계하지 못할지니라"(롬 1:20).
> "이는 만물이 주에게서 나오고 주로 말미암고 주에게로 돌아감이라. 그에게 영광이 세세에 있을지어다. 아멘"(롬 11:36).

만물의 주인은 하나님이시다.

> "태초에 하나님이 천지를 창조하시니라"(창 1:1).
> "산이 생기기 전, 땅과 세계도 주께서 조성하시기 전 곧 영원부터 영원까지 주는 하나님이시니이다"(시 90:2).


## 사람을 보라

사람의 몸은 또 하나의 우주이다. 사람은 남자는 100

조 개, 여자는 60조 개의 세포로 이루어져 있다. 이 세포는 영원한 것이 아니고 지금도 죽고 다시 만들어지는 일을 계속적으로 반복하고 있다.

우리가 타고 다니는 자동차는 13만~15만 개의 부품을 조립하여 만든다. 하늘로 날아다니는 비행기는 더욱 복잡해서 부품이 300만 개 이상이고, 보잉 747 같은 큰 비행기는 부품이 무려 600만 개나 필요하다. 그러나 이런 것들도 사람 몸에 비한다면 세포 하나만도 못한 것이다. 그만큼 사람의 몸은 세밀하고 복잡하고 정확하게 만들어져 있다. 부품이 많을수록 귀한 것이고 가치가 높은 것이다.

나는 언젠가 〈인체의 신비〉라는 전시장을 가 본 적이 있다. 한 장소에 가니 사람 몸 안에 있는 실핏줄만 모아 둔 곳이 있었다. 보통 성인 남자의 실핏줄을 일직선으로 연결한다면 지구 두 바퀴 반을 돈다고 기록되어 있다. 정말 놀랄 수밖에 없었다. 어떻게 이 작은 몸에 지구 2바퀴 반을 도는 핏줄을 깔 수가 있는지 그저 신비할 뿐이었다.

인체의 세포 1개 안에 들어 있는 DNA의 정보량을 수치화하면 7.5억 바이트, 즉 750메가바이트(MB)(1000페이지 책 3300권에 해당)다. 그 안에 들어 있는 정보는 세포 내부의 각 기관의 기능과 설계도, 인체 전체의 각 기능과 설계도, 향후 시간 계획 프로그램이 들어 있다.

예를 들면 눈은 두 개이고, 이마 밑에 있으며, 코 위에 있다. 눈의 구조와 기능은 어떠하고, 피부색은 어떠하고, 손톱이 손바닥에서 나지 않고 손가락 끝에서 자라게 하고, 새끼손가락이 성장하다가 어느 정도의 길이에서 멈추는 것도 이 안에 들어 있는 정보 때문에 가능한 것이다.

이 0.1㎜밖에 안 되는 세포 안에도 정말 놀라운 기능이 다 들어 있다. 미토콘드리아(화학 발전기), 소포체(도로 및 수송시설), 리소좀(위생시설과 쓰레기 처리), 리보솜(화학공장), 세포막(통신 및 경비시설)과 같이 이렇게 정교한 것이 우연히 만들어질 수 있겠는가? 분명히 이렇게 만든 창조자가 있다.

현대 과학 최고의 걸작품으로 불리는 슈퍼컴퓨터에 있는 수많은 회로도 인체의 신경 조직에 비하면 아무것도 아니다. 사람의 심장은 하루에 10만 번 박동을 한다. 도대체 누가 이렇게 심장을 박동하게 만들었는가? 어떤 과학자들은 사람은 단세포에서부터 진화해서 원숭이가 되고 원숭이에서 사람이 되었다고 말한다. 진화론은 단세포가 점점 좋아져서 이렇게 정교하고 세밀한 사람이 되었다는 이론이다.

시간이 흐를수록 저절로 점점 좋아진다는 것은 과학자들 아무도 믿지 않는다. 예를 들면 흑백 TV를 창고에 넣어 두었는데 10년이 지나 저절로 컬러 TV가 되었다면 아무도 믿지 않는다. 반대로 컬러 TV를 창고에 10년 넣어 두었는데 흑백 TV가 되었다면 그것은 녹이 슬거나 부품이 부식되어 일어날 수 있는 일이라고 생각한다. 그런데 저절로 단세포에서 놀랍도록 정교하고 세밀한 사람으로 진화되었다고 말하는지 알 수 없는 일이다. 그것은 아마 진화론 외에는 다른 대안이 없기 때문일 것이다. 그러나 성경은 아주 분명하게 말씀하신다.

"주께서 내 내장을 지으시며 나의 모태에서 나를 만드셨나이다. 내가 주께 감사하옴은 나를 지으심이 심히 기묘하심이라. 주께서 하시는 일이 기이함을 내 영혼이 잘 아나이다"(시 139:13-14).

생명은 저절로 만들어지는 것이 아니다. 지구상에 있는 모든 과학자가 한자리에 모여 온 힘을 다 합하여도 날아다니는 파리 한 마리 만들지 못한다. 모양은 파리처럼 만들 수 있으나 그 사람들이 만든 파리에게 생명을 줄 수는 없다. 생명은 생명에게서만 올 수 있다는 것이 자연계 불변의 법칙이다. 생명은 생명의 원천이신 하나님에게서만 나온다.

"진실로 생명의 원천이 주께 있사오니"(시 36:9).

어떤 사람은 생명체가 저절로 만들어졌다고 말한다. 프린스턴 대학의 생물학 교수인 에드워드 쿤클린은 생명체가 저절로 만들어질 확률은 인쇄소 폭발사고로 인해 인쇄 활자들이 공중에 날아올랐다가 내리면서 우연히 대백과사전이 만들어지는 확률과 같다고 설명했다. 인간의 신체와 생명을 쳐다볼수록 생명은 저절로 될 수가 없다. 사람 몸의 뼈나 근육, 조직이나 소화기관, 배설기관 등 모든 것이 너무나 섬세하고 복합적인 요소를 가지고 생명을 유지하기에 저절로 만들어질 확률은 아예 없다. 성경은 아주 분명하게 말씀하신다. 사람은 저절로 아메바에서 진화된 것이 아니라 하나님께서 창조하신 것이라고!

> "우리는 그가 만드신 바라. 그리스도 예수 안에서 선한 일을 위하여 지으심을 받은 자니 이 일은 하나님이 전에 예비하사 우리로 그 가운데서 행하게 하려 하심이니라"(엡 2:10).

화산이 폭발하고 폭발하고 폭발하여 저절로 피아노가 만들어질 수 있겠는가? 저절로 컴퓨터가 만들어질 수 있겠는가? 정교할수록, 세밀할수록 누군가 만든 사람이 있어야만 한다. 마찬가지로 사람은 우연히 만들어진 것이 아니라 창조된 것이다. 사람은 아메바에서 진화된 동물이 아니라 하나님이 만드신 걸작품이다. 만약 사람이 동물에서 진화되었다면 결코 선을 추구하고자 하는 양심을 가지고 살지 않을 것이다.

사람은 극히 이기적인 존재이지만 자기 자신만을 위해 살면 고독해지고 허무해진다. 그래서 사람은 누구나 남에게 선을 베풀면 내면 깊은 곳에서 기쁨이 생긴다. 이는 사람은 동물처럼 이기적인 것으로 만족이 되지 않는다는 것을 증명한다. 사람에게만 선한 양심이 있다는 것 또한 원숭이에게서 진화하지 않았다는 강력한 증거이기

도 하다. 진화론자들은 동물에게 없는 양심이 왜 사람에게만 생겼는
지 설명하지 못한다. 사람은 아메바에서 진화된 동물이 아니라 하나
님의 형상을 닮은 존귀한 자다.

> "하나님이 자기 형상 곧 하나님의 형상대로 사람을 창조하시되
> 남자와 여자를 창조하시고"(창 1:27).
> "땅에 있는 성도들은 존귀한 자들이니 나의 모든 즐거움이 그들
> 에게 있도다"(시 16:3).

당신은 부모의 실수로 태어난 우주의 고아가 아니다. 당신은 하나
님의 계획 속에서 지어진 하나님의 비밀 병기다. 하나님은 어떤 일도
우연히 하지 않으시고 절대 실수하지 않으신다. 우리는 하늘을 보아
도, 해를 보아도, 자연을 보아도 이 모든 것을 만드신 주인이 있음을
알 수 있고, 나 자신을 보아도 나를 만드신 주인이 있음을 알 수 있다.

## 욥을 보라

하나님의 존재에 대한 의심이 생기면 곧바로 자연을
바라보라. 믿음이 좋고 신앙생활을 열심히 하던 욥은 어느 날 엄청난
재난을 당했다. 그 많던 가축이 다 죽고 자녀들도 죽었으며 아내도

떠나고 자신의 몸에는 엄청난 질병이 생겼다. 욥은 아무리 생각해도 그의 인생에 갑자기 닥친 고난의 이유를 알 수 없었다. 욥은 오랫동안 기도했지만 아무런 응답이 없었다. 욥기는 총 42장으로 구성이 되어 있는데 37장까지 욥은 "하나님이 계시는데 어찌하여 나에게 이런 일이 일어납니까?" 하며 하나님이 계시는가 의문을 던진다.

"어찌하여 내가 태에서 죽어 나오지 아니하였던가. 어찌하여 내 어머니가 해산할 때에 내가 숨지지 아니하였던가"(욥 3:11).
"어찌하여 고난당하는 자에게 빛을 주셨으며 마음이 아픈 자에게 생명을 주셨는고"(욥 3:20).
"어찌하여 나를 당신의 과녁으로 삼으셔서 내게 무거운 짐이 되게 하셨나이까"(욥 7:20).
"주께서 어찌하여 내 허물을 사하여주지 아니하시며 내 죄악을 제거하여 버리지 아니하시나이까"(욥 7:21).
"내가 주께 부르짖으나 주께서 대답하지 아니하시오며 내가 섰사오나 주께서 나를 돌아보지 아니하시나이다"(욥 30:20).

하나님은 욥의 질문에 대해 욥기 38장과 39장에 걸쳐 우주의 섭리를 말씀하시면서 하나님의 주권을 선포하고 인간 이해 너머에 계시는 하나님을 말씀하신다. 하나님은 하나님의 전능하심과 인간의 무지함을 지적하신다.

"무지한 말로 생각을 어둡게 하는 자가 누구냐"(욥 38:2).


## * 우주를 다스리시는 하나님

"내가 땅의 기초를 놓을 때에 네가 어디 있었느냐"(욥 38:4).

"네가 너의 날에 아침에게 명령하였느냐. 새벽에게 그 자리를 일러주었느냐"(욥 38:12).

"네가 바다의 샘에 들어갔었느냐. 깊은 물 밑으로 걸어 다녀 보았느냐"(욥 38:16).

"네가 하늘의 궤도를 아느냐. 하늘로 하여금 그 법칙을 땅에 베풀게 하겠느냐"(욥 38:33).


## * 동물을 돌보시는 하나님

"네가 사자를 위하여 먹이를 사냥하겠느냐. 젊은 사자의 식욕을 채우겠느냐"(욥 38:39).

"산 염소가 새끼 치는 때를 네가 아느냐. 암사슴이 새끼 낳는 것을 네가 본 적이 있느냐"(욥 39:1).

"말의 힘을 네가 주었느냐. 그 목에 흩날리는 갈기를 네가 입혔느냐"(욥 39:19).

"매가 떠올라서 날개를 펼쳐 남쪽으로 향하는 것이 어찌 네 지혜로 말미암음이냐"(욥 39:26).

욥은 하나님의 질문에 아무것도 대답할 수가 없었다. 그는 하나님의 전능하심 앞에 자신의 초라함을 알고 입을 다물었다. 욥은 우주와 자연을 바라보며 하나님의 전능하심을 알게 되었고, 하나님에 대한 의문은 완전히 사라졌다. 욥은 하나님께서 하늘과 땅과 미물에 이르기까지 영원한 계획과 관심을 가지고 계심에 안정감을 가지게 되었다. 욥은 동물 세계에 하나님의 돌보심을 알고, 하물며 하나님의 형상을 닮은 사람을 돌보시지 않겠느냐는 하나님의 마음을 알게 되었다.

욥은 비록 자신의 인생에 일어난 일에 대해 의문이 생겨도 전능하신 하나님의 지혜로우신 계획이 있음을 믿고 오직 하나님을 주인으로 모셨다. 욥이 하나님의 주 되심을 인정하자 모든 것에 평안이 생기고 그의 인생에도 놀라운 은혜가 부어졌다. 욥은 하나님의 광대하심과 지혜로우심과 돌보심에 자신의 비천함을 알게 되었다.

"욥이 여호와께 대답하여 이르되 보소서, 나는 비천하오니 무엇이라 주께 대답하리이까. 손으로 내 입을 가릴 뿐이로소이다"(욥 40:3-4).

'비천하다'는 말은 무게가 가볍다는 뜻으로 이 말은 무겁고 존귀하다는 것과는 반대되는 개념이다. 그는 자신이 대단한 존재로 하나님께 따지던 자리에서 겸손히 엎드리는 자세로 낮아지고 하나님의 계획에 자신의 모든 것을 맡기는 안정감을 가지게 되었다. 그는 오직 하나님을 주인으로 모시고 하나님에게 기대를 가지게 되었다.

> "욥이 여호와께 대답하여 이르되 주께서는 못 하실 일이 없사오 며 무슨 계획이든지 못 이루실 것이 없는 줄 아오니"(욥 42:1-2).

당신은 삶의 의미, 삶의 목적을 알고 싶은가? 온 우주의 주인이 있고 나를 이 땅에 보낸 주인이 있다는 것을 알아야 한다. 혹시 살아가면서 신이 존재하지 않는다는 생각이 조금이라도 들면 자연을 보라. 꽃 한 송이만 보아도 신이 있다는 것을 알게 될 것이다. 나무 한 그루만 보아도 신을 느낄 것이다. 참새 한 마리만 보아도 신의 존재를 알게 될 것이다. 하나님이 계시지 않는다면 이렇게 자연이 아름답고 조화롭고 완벽한 질서를 가질 수 없다.

'나' 라는 존재를 이 땅에 보내신 주인이 있다는 사실을 안다면, 그는 인생의 시작과 인생의 목적을 깨닫게 된다. 내 인생의 주인이 있다는 것을 아는 사람은 결코 내가 인생의 주인이 되는 교만의 죄를 범하지 않을 것이다. 내 인생에 주인이 있다는 것을 아는 사람은 삶의 의미와 목적, 그리고 삶의 목적지가 분명해진다.

인생을 사는 사람은 내 인생의 주인을 분명히 해야 한다. 내 인생의 주인은 나 한 사람의 인생이 아닌 전 인류의 운명을 모두 알고 전세계의 역사를 다 알고 계시는 전능하신 하나님이시다. 내 인생의 불행은 내 주인이 하나님이신 것을 모르고 내가 주인이 되어 사는 것으로 시작된다. 내가 내 인생의 주인이 되면 모든 것이 두려울 뿐이다. 그러나 하나님을 주인으로 모시고 사는 자는 평안과 기대가 넘치는 삶을 살게 된다. 당신의 주인은 누구인가?

"야곱아 너를 창조하신 여호와께서 지금 말씀하시느니라. 이스라엘아 너를 지으신 이가 말씀하시느니라. 너는 두려워하지 말라. 내가 너를 구속하였고 내가 너를 지명하여 불렀나니 너는 내 것이라"(사 43:1).

당신의 주인은 하나님이시다. 온 우주와 인류의 주인은 하나님이시다. 당신의 인생이 날마다 두렵고 불안한가? 안심하라. 내 인생의 주인은 내가 아니다. 내가 내 인생의 주인이 아니어서 참 다행이다. 자연을 아름답게 창조하신 하나님을 내 인생의 주인으로 모신다면 그분은 내 인생도 아름답게 하실 것이다.

> "이성의 마지막 단계는 그것을 넘어서는 수많은 것이 존재한다는 사실을 인정하는 것이다. 이를 깨닫는 데까지 나아가지 못한다면 저급할 뿐이다." _파스칼
> "인간에게는 하나님만 채울 수 있는 빈 공간이 있다." _파스칼

## 나를 이 땅에 보내신 주인이 있다

1. 지구가 시속 1,670km로 자전하고 시속 107,100km로 공전하는 이유가 무엇일까요?

   태양 주변에 있는 행성들이 다 정확한 주기를 가지고 도는 이유는 무엇일까요?

2. 우주 만물을 하나님께서 지으셨다는 성경 구절을 적어보세요.

   • 창 1:1

   • 롬 11:36

   • 요 1:3

3. 자연 속에는 하나님의 지문이 찍혀 있다는 성경 구절을 적어보세요.

   • 롬 1:20

4. 사람이 진화된 것이 아니라 창조되었다는 것에 대해 나누어보세요.

   (창 1:27, 엡 2:10)

   사람에게만 있는 양심에 대해서도 나누어보세요.

5. 욥의 질문에 대답하신 하나님의 말씀은 무엇입니까? (욥 38장, 39장)

6. 당신의 주인은 누구입니까? 서로 나누어보세요.

"

또한 그들이 마음에 하나님 두기를 싫어하매
하나님께서 그들을 그 상실한 마음대로 내버려 두사
합당하지 못한 일을 하게 하셨으니. 롬 1:28

"

C·H·A·P·T·E·R·2

—

# 죄의 뿌리는
# 바로 '나'이다

우리 인생을 정말 바꾸어주는 것은 내 노력이나 결심이 아니라 주인을 바꾸는 것이다. 시골 사는 처녀가 왕을 만나 결혼하게 되면 순식간에 모든 것이 다 바뀌고 만다. 그녀는 왕이 가지고 있는 모든 것을 다 가지게 된다. 그 이유는 주인이 바뀌었기 때문이다. 우리도 어제까지 내가 주인으로 살다가 예수님이 주인이 되면 인생에 획기적인 변화가 온다. 예수님께서 가지신 모든 것을 나도 가지게 된다. 예수님이 가지신 지혜와 능력과 권세를 가지게 된다. 예수님은 온 우주를 다스리시는 왕이시다. 왕을 주인으로 모시면 모든 것을 얻게 된다.

교회를 아무리 오래 다녀도 내가 주인이 되어 사는 사람은 특별한 변화가 없다. 그 이유는 예수님을 믿는다고 말만 하였지 여전히 자신이 주인이 되어 살기 때문이다. 내가 주인인 사람은 모든 것이 자기중심이다. 그래서 자신이 주인이고 자신이 왕이며 자신이 신이

다. 자신이 사는 이유는 오직 자기 성공이며 자기를 즐겁게 하는 것
이다. 그 사람은 아무리 잘살아도 인생을 낭비한 초라한 사람이다.

## 죄는 무엇인가?

인간의 최고 문제는 내가 주인이 되어 내 인생을 내 마
음대로 사는 것이다. 어떻게 보면 내가 내 인생을 내 마음대로 사는
것이 무슨 문제냐고 반문할 사람도 있을 것이다. 이웃 사람이 내 집
에 들어와 부엌에 있는 냉장고를 열어 마음대로 음식을 먹고 내 주
머니에 있는 지갑을 가져가고 내 침대에 누워있다면 우리는 벌컥 화
낼 것이다. 왜냐하면 내 것을 자기 것인 양 마음대로 쓰기 때문이다.
이런 사람을 우리는 도둑이라고 말한다. 인생이 내 것이 아닌데 내
마음대로 쓰는 것 자체가 도둑이고 월권이다. 내 인생은 처음부터
내 것이 아니었다. 다 하나님의 계획과 하나님의 뜻대로 살도록 창
조된 존재이다.

언젠가 고향 선배가 머리가 아파서 병원에 가서 종합검진을 하
였다. 아무런 병도 발견되지 않았다. 감기 증세라며 약을 지어주었
다. 그리고 6개월 뒤에 소화가 잘 되지 않아 큰 병원에 가서 검사하
였는데 위암 말기로 판명되었다. 깜짝 놀랐다. 6개월 전에 감기라며
약을 지어주었던 그 병원에 대해 화가 나서 고소하였다. 정말 어처

구니없는 일이지만 우리 주위에 이런 일이 흔히 발생한다.

우리가 인생을 마치면 하나님 앞에 서서 심판을 받고 천국이나 지옥에 가게 된다. 이 일은 아무도 예외가 없다. 교회만 다닌 어떤 사람이 죽어서 천국에 가는 줄 알고 하나님 심판대 앞에 섰는데 하나님께서 지옥으로 가라고 한다면 얼마나 억울하겠는가? 그때는 누구에게도 하소연할 수가 없다. 그래서 예수를 바로 믿어야 한다.

우리 인생의 최고 목표는 천국이다. 그 천국에 들어가려면 죄가 없어야 한다. 천국은 거룩하신 하나님이 계신 곳이기에 죄가 없어야 한다. 죄가 있는 사람은 지옥에 가고 예수를 믿어 죄가 없어진 사람은 천국에 갈 수 있다. 그래서 죄가 무엇인지 아는 것이 중요하다. 그러면 죄는 무엇인가?

사람마다 죄에 대한 기준이 다르다. 한국 사람이 생각하는 죄와 미국 사람이 생각하는 죄가 다를 수 있다. 각 나라의 환경마다, 문화마다 죄에 대한 기준이 다를 수 있기 때문이다. 그래서 성경이 말하는 죄가 무엇인지 알아야 한다. 성경에는 죄에 대한 분명한 기준을 말하고 있다.


## 창세기에서 말하는 죄

인류 최초의 죄는 에덴동산에서 시작되었다. 하나님은

아름다운 지구를 만드시고 사람에게 온갖 먹을 것을 풍성하게 주셔서 다 먹게 하셨다. 그러면서 선악과만 먹지 못하도록 명령하시고 그것을 먹는 날에는 죽을 것이라고 말씀하셨다.

> "선악을 알게 하는 나무의 열매는 먹지 말라. 네가 먹는 날에는 반드시 죽으리라 하시니라"(창 2:17).

하나님께서 아담에게 이런 명령을 하심은 아담에게 하나님을 주인으로 모시고 살고 있는지 묻고 계신 것이다. 만약 아담이 이 약속을 잘 지키면 하나님과 더 깊은 친밀감을 유지하게 되고 생명나무 열매를 먹고 영원히 살았을 것이다. 그런데 불행하게도 아담은 이 약속을 어겼다. 어느 날, 사탄이 하와에게 찾아와 이 선악과를 먹으면 하나님처럼 된다고 유혹하였다.

> "너희가 그것을 먹는 날에는 너희 눈이 밝아져 하나님과 같이 되어"(창 3:5).

하와는 자신이 하나님과 같이 된다는 말에 유혹을 받아 선악과를 먹고 난 뒤 아담도 먹게 하였다. 이것이 인류 최초의 죄다.

죄는 피조물인 인간이 창조주이신 하나님의 말씀을 거역하고 자신이 창조주인 양 자기 마음대로 행동하는 것이다. 즉 내가 내 인생의 주인이 되어 내 마음대로 사는 것이 죄다.

아담과 하와는 주인이신 하나님과 친밀감을 가지고 살기보다 자신이 하나님처럼 높아지는 것을 원하였다. 그들은 하나님으로부터 독립을 선택하였고 그 결과로 죽음이 왔다.

아담이 선악과를 먹자 세 가지 죽음이 왔다. 첫 번째로 영적인 죽음이 왔다. 두 번째로 육적인 죽음이 따라왔고, 세 번째 영원한 죽음에 이르게 된다. 중요한 것은 영적인 죽음이다. 아담은 선악과를 먹은 뒤에도 죽지 않고 930세까지 살았다. 그러면 선악과를 먹으면 죽는다고 말씀하신 죽음은 우리가 알고 있는 목숨이 끊어지는 죽음이 아니다. 성경에 죽음이라는 단어는 창세기 2장에서 처음을 등장한다. 아담은 하나님께서 선악과를 먹으면 죽는다고 말씀하실 때 죽음이라는 단어를 몰랐다. 그때까지 죽은 자가 한 명도 없었기 때문이다.

성경에서 최초로 사용된 죽음이라는 단어는 피조물인 사람이 창조주 하나님과 분리되는 것을 말한다. 사람은 창조주 하나님께서 만드신 피조물로서 하나님과 분리될 수 없는 존재인데 선악과를 먹는 순간 하나님과 분리되는 영적인 죽음이 온 것이다. 그 결과로 영원한 외로움, 영원한 열등감, 영원한 두려움, 영원한 자원 고갈, 영원한 애정 결핍이 생겼다. 인간이 하나님과 분리되자 인간 존재의 본질적인 문제를 가지게 되었다. 아담이 하나님과 분리되고 하나님을 떠나는 죄를 범하자 아담의 후손들도 모두 하나님과 분리되고 하나님으로부터 독립하는 죄를 물려받게 되었다.

"그러므로 한 사람으로 말미암아 죄가 세상에 들어오고 죄로 말미암아 사망이 들어왔나니 이와 같이 모든 사람이 죄를 지었으므로 사망이 모든 사람에게 이르렀느니라"(롬 5:12).

죄는 한 사람 아담으로부터 온 세상에 들어왔다. 그리고 아담의 피를 물려받은 인류는 모두 사망에 이르게 되었다. 만약 당신이 아무리 교회를 오래 다녔다 하여도 하나님으로부터 독립하여 당신이 주인이 되어 자기 마음대로 산다면 그 죗값으로 하나님과 분리되고 몸은 병들어 죽게 되며 결국 영원한 지옥 불에 들어가게 된다.

아담이 하나님으로부터 독립하여 '내 마음대로 산' 죄는 고스란히 아들 가인에게 넘어가 동생 아벨을 죽이는 인류 최초의 살인자가 되었다. 아담의 죄는 노아 이후 모든 사람에게 넘어가 "우리의 이름을 만방에 알리자"며 높은 바벨탑을 세워 언어가 분리되고 온 지면으로 흩어졌다. 아담의 죄는 430년 동안 애굽의 노예로 살았던 이스라엘 백성들에게 넘어가 출애굽 은혜, 홍해 건너는 은혜, 광야에 만나가 내리는 은혜를 누리면서도 감사하지 않고 늘 불평하고 원망하는 삶을 살았다. 그래서 그들은 평생 광야에서 살다가 광야에서 죽는 불행한 삶을 살았다.

아담의 죄는 가나안 점령 이후에도 그대로 넘어와 하나님을 왕으로 삼지 않고 자기 스스로를 왕으로 삼는 혼돈의 시대를 살았다. 아담의 죄는 결국 열왕국시대에도 그대로 이어져 수많은 왕을 바꾸어도 인간이 세운 왕이 아무것도 아님을 알지 못하고 여전히 자신을 왕으로 삼고 살다가 포로의 삶을 살았다.

그렇게 구약시대가 끝나고 400년의 암흑기를 보냈다. 그 깊은 암흑기를 보낸 이후 진짜 왕이신 예수님이 나타나셔서 '하나님 나라'를 전파하셨다. '하나님 나라'는 하나님이 왕으로 다스리시는 나라를 말한다. 하나님의 나라는 내가 주인이 되어 다스리던 모든 것을 내려놓고 그분이 왕으로 통치하셔야 이루어진다.

우리는 내가 왕이 되어 내 마음대로 사는 삶의 허상을 알아야 한다. 내가 왕이 되어 내 마음대로 사는 삶에는 공허함과 우울함이 있고 분쟁과 원망이 있으며 혼돈과 죄의 포로됨이 있고 늘 두려움이 있다. 나는 왕이 아니다. 내가 왕이 되어 내 마음대로 사는 삶, 그 자체가 죄이다.


## 예수님이 말씀하시는 죄

예수님은 죄에 대해 아주 쉬운 예를 들어 말씀하셨다. 누가복음 15장에 보면 탕자의 비유가 나온다. 탕자는 아버지를 떠나 아버지의 것을 가지고 자신이 주인이 되어 자기 마음대로 살았다. 그는 아버지로부터 받은 재산을 다 탕진하고 결국 돼지우리에 들어가는 비참한 삶을 살았다. 탕자는 아버지가 버젓이 살아 있는데 자신의 분깃을 달라고 하였다. 예수님 당시 유대 사회에는 아버지가 살아 있는데 유산을 달라고 하는 것은 최고의 불효였다. 왜냐하면 그 아들의 마음에는 이미 아버지가 죽었다는 것이다. 탕자의 마음에 아버지가 죽었다. 그는 아버지가 물려준 유산을 가지고 아버지를 떠나 멀리 갔다. 그는 아버지의 것을 자기 것인 양 여기고 그 재산으로 이제 아버지로부터 독립하여 행복하게 살 수 있다고 생각하였다.

탕자의 죄는 아버지를 떠나 자기가 주인이 되어 사는 순간부터 시작되었다. 그러나 그는 아버지를 떠나는 것이 죄가 되는 줄 몰랐다. 탕자는 아버지를 떠나자 곧 자신이 가지고 있던 모든 자원이 고갈되어 심각한 결핍에 빠졌고, 결국 더럽고 냄새나는 돼지우리에 들어가서야 자신이 죄인인 것을 깨달았다.

"내가 일어나 아버지께 가서 이르기를 아버지 내가 하늘과 아버지께 죄를 지었사오니"(눅 15:18).

탕자가 죄인이 된 것은 그가 아버지를 떠나 아버지의 것을 가지고 자기 것인 양 마음대로 살았기 때문이다. 그가 세상에 나가 성공했다 해도 그는 죄인이며 탕자이다. 왜냐하면 아버지의 것을 자기 것처럼 쓰며 자기 마음대로 살았기 때문이다. 아버지를 떠나 내가 주인이 되어 살면 결국 망하게 된다. 내가 주인이 되면 성공하나 실패하나 결국 도착 지점은 냄새나는 돼지우리다. 하나님을 떠나 내 힘으로만 성공한 사람들 곁에 가면 교만의 악취가 나고 실패한 사람 곁에 가면 절망의 악취가 난다.

죄는 주인 되시는 아버지를 떠나
내 마음대로 사는 것이다.
죄는 내가 주인이 되어 사는 것이다.

성경은 하나님을 떠나 하나님으로부터 독립하였던 아담의 피를 물려받은 모든 사람은 다 죄인이라고 선언한다.

"모든 사람이 죄를 범하였으매 하나님의 영광에 이르지 못하더니"(롬 3:23).

모든 사람이라는 것은 단 한 사람도 예외가 없다는 말이다. 아무리 착하게 살아도, 아무리 고행을 하며 욕망을 누르고 살아도 죄인이다. 사람의 선행이라는 것은 하나님의 입장에서 보면 더러운 누더기와 같은 것이다.

"무릇 우리는 다 부정한 자 같아서 우리의 의는 다 더러운 옷 같으며 우리는 다 잎사귀같이 시들므로 우리의 죄악이 바람같이 우리를 몰아가나이다"(사 64:6).

내가 조금 착하게 산다는 것은 아무런 의미가 없다. 그것은 한낱 성냥개비 하나를 가지고 북극에서 추위를 이긴다고 말하는 자와 같은 것이다. 하나님을 떠나 내 힘으로 산다면 무엇을 해도 죄인이 된다. 더 나아가 하나님을 떠난 사람은 하나님과 원수가 된다고 말씀하신다.

> "육신의 생각은 하나님과 원수가 되나니 이는 하나님의 법에 굴복하지 아니할 뿐 아니라 할 수도 없음이라. 육신에 있는 자들은 하나님을 기쁘시게 할 수 없느니라"(롬 8:7-8).

'육신의 생각'이라는 것은 내가 주인이 되어 사는 삶을 말한다. 내가 주인이 된 자는 하나님을 의지하지도 않고 하나님을 사랑할 수도 없다. 이 세상의 모든 것이 다 하나님께서 주신 것인데 자기 것인 양 하고 사는 그 자체가 큰 죄다. 우리 목숨도 우리 것이 아니다. 우리의 호흡도 우리 것이 아니다.

> "우리가 그를 힘입어 살며 기동하며 존재하느니라"(행 17:28).

우리가 살아 숨을 쉬고 있는 것, 지금 몸을 움직이고 있는 것, 그 자체가 다 하나님의 힘으로 가능한 것인데 마치 내 인생이 내 것인 줄 알고 내 마음대로 사는 것이 죄다. 당신이 가지고 있는 탤런트도다 하나님께 주신 것이다. 당신이 돈을 좀 벌고 있는가? 그것도 하나님께서 주신 것이다.

> "부와 귀가 주께로 말미암고 또 주는 만물의 주재가 되사 손에 권세와 능력이 있사오니 모든 사람을 크게 하심과 강하게 하심이 주의 손에 있나이다"(대상 29:12).

당신이 세상의 권세를 좀 가지고 있는가? 그것도 하나님께서 주신 것이다.

> "각 사람은 위에 있는 권세들에게 복종하라. 권세는 하나님으로부터 나지 않음이 없나니 모든 권세는 다 하나님께서 정하신 바라"(롬 13:1).

당신이 무엇을 가지고 있든 그것은 당신 것이 아니라 다 하나님께서 주신 것이다.

> "땅과 거기에 충만한 것과 세계와 그 가운데에 사는 자들은 다 여호와의 것이로다"(시 24:1).

우리가 밟고 있는 땅과 우리가 사용하고 있는 내 몸이 전부 다 하나님의 것인데 마치 내 것인 냥 마음대로 사용하며 사는 것이 죄다. 이 세상에 내 것은 하나도 없다. 다 하나님의 것이다.

도둑은 남의 것을 자신의 것처럼 사용하는 자다. 우리가 하나님의 것을 내 마음대로 쓴다면 바로 우리가 도둑이 된다.

"전에는 우리도 다 그 가운데서 우리 육체의 욕심을 따라 지내며 육체와 마음의 원하는 것을 하여 다른 이들과 같이 본질상 진노의 자녀이었더니"(엡 2:3).

우리가 우리 마음대로, 우리 욕심대로, 우리 육체가 원하는 대로 사는 것은 진노의 자녀라는 증거다. 사람이 하나님을 떠나 살면 그가 선을 행하든 안 하든 다 하나님의 진노 아래 있게 된다.

## 로마서가 말하는 죄

사도 바울은 죄에 대해 로마서 1장에서 말하고 있다. 죄는 하나님을 마음에 두기 싫어하는 것으로 시작된다고 바울은 말한다.

"또한 그들이 마음에 하나님 두기를 싫어하매 하나님께서 그들을 그 상실한 마음대로 내버려 두사 합당하지 못한 일을 하게 하셨으니"(롬 1:28).

마음에 하나님이 없는 것, 그것이 죄의 뿌리다. 그다음 죄의 열매를 열거한다.

"곧 모든 불의, 추악, 탐욕, 악의가 가득한 자요 시기, 살인, 분쟁, 사기, 악독이 가득한 자요 수군수군하는 자요 비방하는 자요 하나님께서 미워하시는 자요 능욕하는 자요 교만한 자요 자랑하는 자요 악을 도모하는 자요 부모를 거역하는 자요 우매한 자요 배약하는 자요 무정한 자요 무자비한 자라. 그들이 이같은 일을 행하는 자는 사형에 해당한다고 하나님께서 정하심을 알고도 자기들만 행할 뿐 아니라 또한 그런 일을 행하는 자들을 옳다 하느니라"(롬 1:29-32).

로마서 1장 29~32절까지 나열되는 죄의 목록은 다 죄의 열매들이다. 죄의 열매는 환경에 따라 생겼다 없어졌다 하는 것이다. 정말 중요한 것은 죄의 열매가 아니라 죄의 뿌리다.

죄의 뿌리는 하나님으로부터 독립한 '나'이다.
(죄) = (나) 라는 등식을 이해해야 한다.

예수 믿는 것이 무엇인가? 예수 믿는 것은 주인을 바꾸는 것이다. 예수 믿기 전에는 나 자신을 믿고 내가 주인이 되어 내 생각대로, 내 마음대로, 내 기분대로 살았다. 그런데 예수를 믿게 되면 이제 더 이상 내가 내 인생의 주인이 아니라 예수님을 주인으로 모시는 것이다.

예수를 믿는데 왜 사람이 변하지 않는가? 말로는 예수님을 믿는다고 하지만 여전히 내가 주인이 되어 살기 때문이다. 우리는 예수를 믿으면서 내 죄를 회개한다. 그때 죄를 회개한다는 것이 대부분 죄의 열매만 없애는 것이다. 죄의 열매는 아무리 회개를 하고 없애도 또다시 나타난다.

개나리꽃은 겨울에는 피지 않지만 봄이 되면 다시 핀다. 개나리는 겨울에도 노란 꽃을 가지고 있었다. 개나리에게 봄이라는 환경이 오면 그 숨어있던 노란 꽃이 만발하게 된다. 마찬가지로 우리는 지금 죄를 짓지 않는다고 해도 죄를 지을 수 있는 죄의 씨앗을 가지고 있다. 아무리 점잖은 사람이라 하여도 죄를 지을 수 있는 환경이 다가오면 그 죄가 만발한다.

죄의 열매를 아무리 회개해도 죄지을 수 있는 환경만 갖추어지면 다시 죄를 짓는다. 아무리 화내지 말라고 설교하여도 화낼 수밖에 없는 상황이 생기면 또다시 화내는 것이 어쩔 수 없는 사람이다. 평소에 선한 것 같은 사람이 운전 중에 차 한 대만 끼어들어도 분노가 생긴다. 사과나무에 열린 사과 열매를 다 따서 없애도 그다음 가을에 또다시 사과 열매는 맺힌다. 사과를 정말 없애려면 사과나무 뿌리를 뽑아내야 한다.

지금 죄짓지 않는다고 죄인이 아닌가? 아무리 지금 죄짓지 않아도 죄지을 수 있는 온도만 갖춰지면 또다시 죄짓고 마는 것이 연약한 우리 인간이다. 그래서 죄의 열매를 없앤다고 의인이 되는 것이 아니라 죄의 뿌리인 내가 죽어야 하는 것이다. 내가 중심이 되는 것, 내가 내 마음대로 사는 것이 죄의 뿌리임을 알아야 한다.

내가 주인이 되어 사는 것이 왜 죄냐고 말하는 자가 있다. 내가 주인이 되어 내가 하는 일이 잘되면 교만해지고 타락한다. 아니면 내가 하는 일이 잘못되면 자학하고 낙심하고 절망하여 결국에는 자살까지 가게 된다. 나는 셀 교회를 하면서 랄프 네이버 목사의 책 중에 일대일 교제 0번에서 충격적인 글을 보게 되었다.

"주님은 우리의 자기 소유, 자아 중심의 삶에서 우리를 구원하셨습니다."

이 글은 목사가 된 지 10년 만에 처음으로 읽게 되었다. 어릴 때부터 평생 예수를 믿었던 나에게 엄청난 충격을 주었다. 나는 이제까지 예수님께서 내 죄를 건져주신 구세주로만 믿었다. 그 후 나는 내가 죄를 지으면 내 죄를 회개하고 또 죄를 회개하고 회개하였다. 나는 내 죄 문제를 해결할 수가 없었다. 평생 계속 되풀이되는 죄를 회개하며 주눅 들어 살았다. 그런데 이 글을 읽고 탄성을 질렀다.

지금까지 내가 회개한 것은 다 죄의 열매였다. 진짜 문제는 예수를 믿고 목사가 되어도 여전히 내 인생의 주인인 내가 살아 있었다는 것이다. 나는 랄프 네이버 목사의 글을 읽고 내 인생의 주인인 나를 빼내고 내 인생의 진짜 주인인 예수님을 모셨다. 그날 이후 참 자유가 생겼다. 우리 인생은 무엇을 하든 내가 주인이 되면 언제나 늘 혼돈이며 공허이고 어둠이다. 나에게는 길이 없다. 나에게는 진리가 없다. 나에게는 영원히 사는 생명이 없다. 그러나 예수님에게는 길이 있고 진리가 있고 생명이 있다.

"예수께서 이르시되 내가 곧 길이요 진리요 생명이니 나로 말미암지 않고는 아버지께로 올 자가 없느니라"(요 14:6).

예수님을 믿는다는 것이 무엇인가?

"영접하는 자 곧 그 이름을 믿는 자들에게는 하나님의 자녀가 되는 권세를 주셨으니"(요 1:12).

예수를 믿는다는 것은 예수님이 나에게 들어오는 것이다. 예수를 믿는다는 것은 내가 내 인생의 주인이 되어 살다가 예수님을 주인으로 영접하는 것이다. 이 말씀을 거꾸로 하여 믿는 것이 영접하는 것이라고 말하면 안 된다. 예수님을 내 주인으로 영접하는 것이 정말 예수를 믿는 것이다. 진짜 구원은 내 안에 주인으로 있는 나를 빼내고 참 주인인 예수님이 주인으로 들어오시는 것이다.

우리는 마치 물에 빠져 죽을 수밖에 없는 자와 같다. 우리 힘으로는 절대로 이 죄의 물에서 빠져나올 수 없다. 선행으로도, 고행으로도, 종교로도 그 무엇으로도 죄의 물에서 빠져나올 수 없다. 하나님께서 이 죄의 물에서 빠져나오도록 예수님을 보내주셨다. 이 예수님은 죄의 물에 빠져 허우적대는 우리를 죄에서 건져주시는 구세주로 오셨다. 그리고 예수님은 우리를 죄의 물에서 건져주시고 떠나가버리신 게 아니라 우리 마음에 주인으로 들어오셨다.

창세기에서 말하는 죄나, 예수님께서 말씀하시는 죄나, 사도 바울이 말하는 죄가 다 똑같이 하나님으로부터 독립하여 내가 주인이 되는 삶을 말한다. "죄의 삯은 사망이다"(롬 6:23). 내가 내 인생의 주인이 되어 살면 결국 사망이 온다.

혹시 이 글을 읽는 사람 중에 "나는 죄인이 아니야!" 하는 이가 있다면 정직하게 자신의 내면을 살펴보라. 내가 하는 모든 것이 죄가 아닌가? 틈만 나면 세상의 모든 것을 다 가지고 싶은 탐욕이 가득하다. 틈만 나면 자랑하고 싶은 교만이 가득하다. 틈만 나면 음란한 마음이 피어오른다. 틈만 나면 대접받고자 하는 마음이 가득하다. 어디 선한 것이 있는가?

세상에 제일 골치 아픈 사람이 자기가 주인이 되어 자기 마음대로 사는 자이다. 내가 주인이 되어 사는 것이 죄라는 것을 아는 자는 큰 복을 받은 자이다. 내가 하나님의 도움 없이 단 한순간도 살 수 없다는 것을 아는 것이 큰 축복이다. 당신이 아무리 교회를 오래 다니고 교회에서 직분자로 섬긴다고 하여도 당신이 주인이 되어 산다면 죄지을 확률은 100%이다.

내가 주인 되어 사는 것 자체가 죄다. 내가 죄인이라는 것을 아는 것이 인간 회복의 시작이다. 당신 영혼 깊은 곳에서부터 처절한 고백이 있기 바란다.

"내가 죄인입니다."
"내가 죄의 뿌리입니다."
"내가 절망입니다."
"내가 사형수입니다."

내가 나 자신을 정직하게 바라보면 절망이 오고 죽음이 온다. 내가 주인 된 삶의 결론은 사망이다. 더 이상 당신 자신을 의지하고 살지 말라. 탕자의 위대함은 자신이 죄인인 것을 알고 아버지 품으로 돌아온 것이다. 탕자가 아버지 품에 돌아오자 잔치가 펼쳐졌다. 사람은 내가 주인이 되어 살면 그 무엇을 해도 참 만족은 없다. 내가 주인 된 삶을 버리고 그분을 주인으로 삼고 산다면 당신의 인생에는 당신의 주인이 베풀어주시는 잔치가 펼쳐질 것이다.

불신자들이 이 세상을 살면서 무엇을 해도 참 만족이 없다는 것은 너무나 잘 알려진 일이다. 그것은 역으로 참 만족을 주는 그 무엇이 있다는 것을 증명하는 것이다. 인간은 하나님이 만드신 존재이므로 하나님 품에 안겨야만 참 만족이 있다.

"오, 하나님께서 당신을 향하여 있도록 우리를 지으셨기에, 우리 마음은 당신 안에서 안식할 때까지 쉴 수 없습니다."_ 어거스틴
"이 세상으로 채울 수 없는 갈망이 내 안에 있는 것은 내가 다른 세상을 위해 지음받았기 때문이다."_ C. S. 루이스

## 죄의 뿌리는 바로 '나'이다

1. 아담과 하와가 선악과를 먹은 이유는 무엇입니까? (창 3:5)

2. 아담이 선악과를 먹은 후 나타난 세 가지 죽음은 무엇입니까?

3. 탕자의 죄는 무엇입니까?

4. 로마서 1장에서 말하는 죄의 뿌리는 무엇입니까? (롬 1:28)

5. 죄 = (          ) (      )를 채우십시오.

6. 인생의 참 만족은 어디에 있습니까?

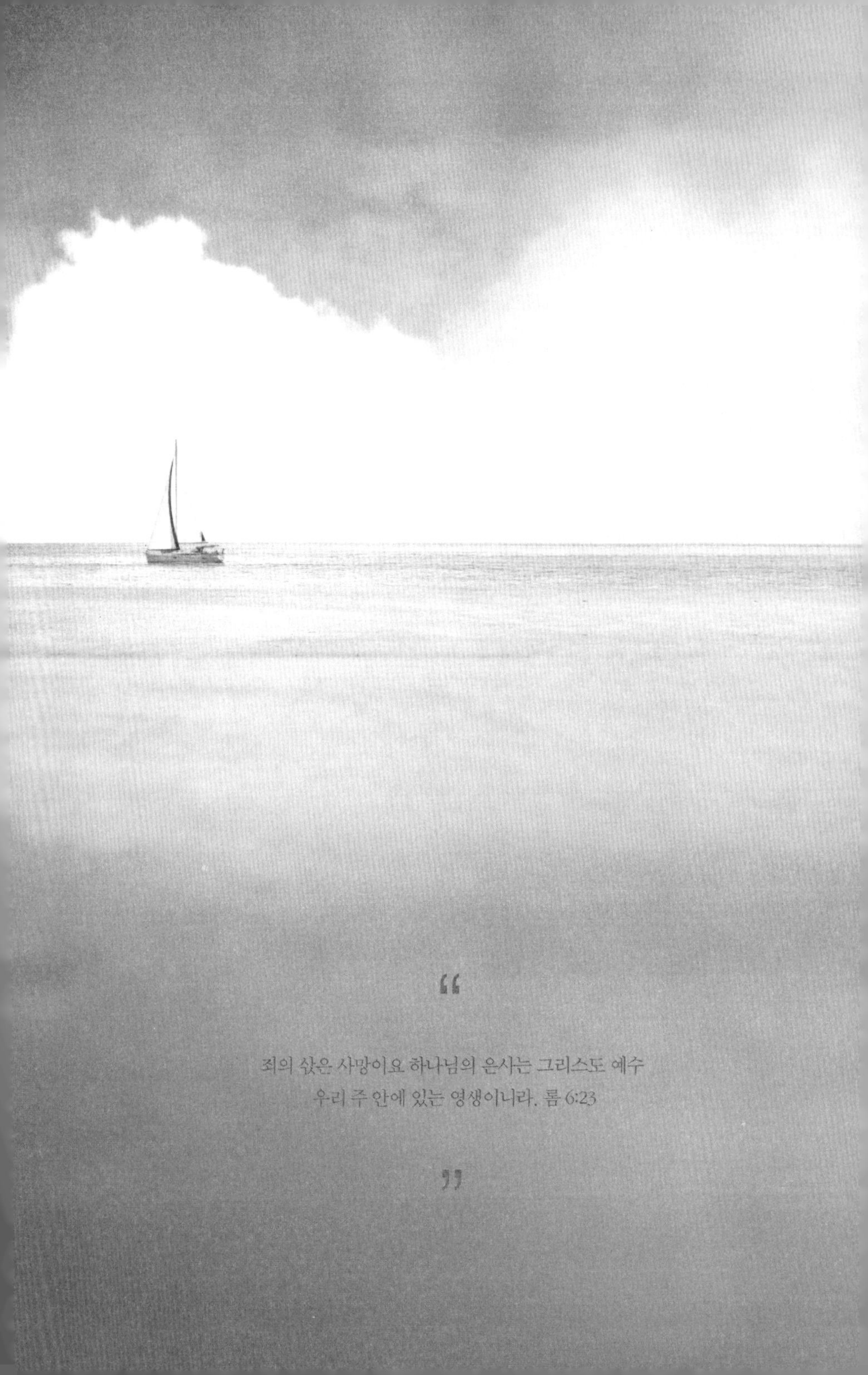

"

죄의 삯은 사망이요 하나님의 은사는 그리스도 예수
우리 주 안에 있는 영생이니라. 롬 6:23

"

# 예수님은 나의 메시아(구세주)며 주인이시다

## 예수를 메시아(구세주)로 믿으라

인간의 모든 문제는 내가 주인이 되어 사는 죄 때문이다. 왜 잘사는 나라일수록 자살률이 높아지는가? 죄 때문이다. 왜 큰 권력을 가지고도 늘 비리가 가득한가? 죄 때문이다. 왜 우리나라가 이렇게 잘살게 되었는데도 폭력과 간음, 거짓과 분노가 많아졌는가? 죄 때문이다. 왜 가족 간의 갈등이 많아지고 있는가? 죄 때문이다.

인간의 모든 문제는 죄 문제가 뿌리다. 죄의 결론은 사망이다. 내가 주인이 되어 사는 사람은 사망이 왕 노릇 하는 삶을 산다. 그래서 우울하고 불안하고 두려운 것이다. 성경은 모든 사람이 죄인이라고 선언한다.

"모든 사람이 죄를 범하였으매 하나님의 영광에 이르지 못하더니"(롬 3:23).

하나님을 떠난 사람은 모두 죄의 노예가 되었다. '모든 사람이 죄를 범하였으매' 라는 말씀의 '모든' 안에는 내가 포함되어 있다. 단 한 명도 예외가 없다. 모든 사람이 다 죄인이다. 내가 주인이 되어 사는 죄는 교육으로, 돈으로, 성공으로 해결되지 않는다. 죄는 시간이 간다고 해결되지 않는다. 죄는 잊어버린다고 해결되는 것이 아니다. 죄는 내가 죄짓지 않겠다고 결단한다고 해결되는 것이 아니다. 죄 문제를 해결하려면 죄에 대한 대가를 지불하고 죽어야만 한다.

"피흘림이 없은즉 사함이 없느니라"(히 9:22).

구약에는 죄지은 사람 대신 흠 없고 점이 없는 어린 양을 죽여 흘린 피를 제단에 뿌림으로써 그의 죄를 사하게 하였다. 구약의 어린 양은 예수님에 대한 그림자다. 예수님은 우리 죄를 대신하여 죽기 위해 이 땅에 오셨다.

"인자가 온 것은… 자기 목숨을 많은 사람의 대속물로 주려 함이니라"(마 20:28).

예수라는 이름은 자기 백성을 죄에서 구원할 자라는 뜻을 가지고 있다.

"아들을 낳으리니 이름을 예수라 하라. 이는 그가 자기 백성을 그들의 죄에서 구원할 자이심이라 하니라"(마 1:21).

예수님이 태어나기 700년 전에 이사야 선지자는 예수님을 우리의 모든 죄를 짊어지실 분으로 예언하였다.

"우리는 다 양 같아서 그릇 행하여 각기 제 길로 갔거늘 여호와께서는 우리 모두의 죄악을 그에게 담당시키셨도다"(사 53:6).

예수님은 좋은 설교를 하려고 이 땅에 오신 분이 아니다. 병든 자를 고치거나 기적을 행하기 위해 오신 분도 아니다. 예수님이 이 땅에 오신 가장 중요한 이유는 바로 우리의 죄를 해결하시기 위함이다. 그래서 세례 요한은 예수님을 보자마자 세상 죄를 지고 가는 어린 양이라고 말하였다.

"요한이 예수께서 자기에게 나아오심을 보고 이르되 보라. 세상 죄를 지고 가는 하나님의 어린 양이로다"(요 1:29).

예수님은 우리의 죄 문제를 해결하시기 위해 십자가에 못 박혀 죽으셨다. 사람이 평생 지은 죄가 얼마나 많은지 다 셀 수도 없을 것이다. 그 죄를 다 없애려면 누군가 대신 죽어야 한다. 대신 죽어주는 사람은 자기 죄가 전혀 없어야 한다. 그런데 이 세상에는 죄가 하나도 없는 사람은 없다. 그래서 아무런 죄도 없으신 하나님의 아들이신 예수님이 우리 죄를 대신하여 죽으셔서 피를 흘려야만 죄가 없어진다.

나는 어릴 때 2천 년 전에 예수님이 십자가에서 죽으셨는데 왜 2천 년이나 지난 지금 나를 위해 죽으셨다고 하시는지 이해되지 않았다. 예수님의 피가 사람의 피가 아니라 하나님의 피라는 것을 알고 깨닫게 되었다.

"하나님이 자기 피로 사신 교회를 보살피게 하셨느니라"
(행 20:28).

성경은 교회는 예수님의 피와 하나님의 핏값을 주고 세운 것이라고 기록한다. 예수님의 피는 사람의 피가 아니다. 예수님의 피는 신이신 하나님의 피다. 신의 특징은 시간과 공간을 초월하는 것이다. 즉 하나님의 피는 시간과 공간을 초월하여 모든 사람의 죄를 없애주는 능력이 있다. 예수님의 피는 신이신 하나님의 피이기에 2천 년이 지난다 해도 아무런 시간적 영향을 받지 않으시고 모든 사람의 죄를 없애는 능력이 있다.

당신의 아들을 돼지 몇 마리와 바꿀 수 있는가? 말이 안 되는 질문이다. 더러운 돼지 수천만 마리를 주어도 당신의 아들과는 바꾸지 않을 것이다. 죄 없으신 예수님 한 분과 죄인인 사람 몇 명을 바꿀 수 있겠는가? 온 인류를 다 주어도 예수님과 바꿀 수 없다. 왜냐하면 예수님은 온 우주를 만드신 하나님이기 때문이다. 그러면 예수님 한 분의 죽음으로 온 인류의 죗값을 다 갚을 수 있는가? 물론이다.

죄짓는 자는 하나님과 원수가 되고 하나님의 진노 아래 있게 된다. 그런데 예수님이 십자가 위에서 우리의 죗값을 지불하심으로 하나님과 화목하게 되었다.

"곧 우리가 원수 되었을 때에 그의 아들의 죽으심으로 말미암아 하나님과 화목하게 되었은즉 화목하게 된 자로서는 더욱 그의 살아나심으로 말미암아 구원을 받을 것이니라"(롬 5:10).

우리가 죄를 지어 하나님과 분리되는, 영원히 하나님의 진노를 받아야 하는 죄인이 되었는데 예수님이 우리 죄를 대신해서 십자가에서 죽어 피를 흘리심으로 죗값을 치르셨다. 이 예수님을 우리 마음에 영접하면 하나님과 분리된 자에서 하나님의 자녀로 바뀌게 된다.

예수를 믿기 전에는 하나님 앞에 나아갈 수 없는 원수였는데 이제는 예수의 피로 담대히 하나님 앞에 나아갈 수 있는 자가 되었다.

"그러므로 형제들아 우리가 예수의 피를 힘입어 성소에 들어갈 담력을 얻었나니 그 길은 우리를 위하여 휘장 가운데로 열어 놓으신 새로운 살 길이요 휘장은 곧 그의 육체니라"(히 10:19-20).

예수님께서 내 죄를 위해 십자가에서 죽으신 그리스도(메시아, 구세주)임을 믿으라. 예수님의 피가 내 모든 죄를 깨끗하게 하심을 믿으라.

"그 아들 예수의 피가 우리를 모든 죄에서 깨끗하게 하실 것이요"
(요일 1:7).

어느 영화가 기억난다. 한 사람이 다리에 피를 흘리며 산속으로 도망가는데 적군들이 사냥개를 몰고 피 냄새를 맡으며 추격한다. 사냥개들이 피 냄새를 맡고 점점 그 사람에게로 가까이 온다. 지칠 대로 지친 그는 기진맥진하다 강을 발견하였다. 그가 강에 몸을 담그자 그 집요하게 따라오던 사냥개의 추적은 멈추었다. 사냥개들이 피 냄새를 잃어버린 것이다. 예수님의 십자가가 내 죄 문제를 집요하게 고소하는 사냥개와 같은 사탄의 소리를 잠재운다. 십자가는 죄 문제를 해결해주시는 강이다. 그 십자가의 강에 잠기기만 하면 누구든지 어떤 죄를 지은 자라도 용서함을 받는다.

## 예수를 주인으로 모시라

당신이 당신의 죄 문제를 해결하기 위해 예수님을 그리스도(메시아)로 믿었는가? 그렇다면 동시에 그 예수님을 주인으로 모시고 살라. 바울은 로마서에서 이신칭의를 말하였다. 이 말은 믿음으로 의롭다 함을 받는다는 말씀이다. 로마서 1장은 이방인의 죄를 말하고, 로마서 2장은 유대인의 죄를 말하고, 로마서 3장은 이방인이나 유대인이나 모든 사람이 죄인이라고 말한다. 아담의 후손으로 태어난 우리에게는 의로움이 없다고 선언한다. 그런 우리에게 한 의가 나타났으니 그것은 예수를 믿음으로 생기는 의라고 소개한다.

"이제는 율법 외에 하나님의 한 의가 나타났으니 율법과 선지자들에게 증거를 받은 것이라. 곧 예수 그리스도를 믿음으로 말미암아 모든 믿는 자에게 미치는 하나님의 의니 차별이 없느니라"(롬 3:21-22).

로마서 5장에서는 예수를 믿음으로 의롭게 된 우리가 예수님을 주인으로 모시고 살아야 함을 거듭 말한다.

"그러므로 우리가 믿음으로 의롭다 하심을 받았으니 우리 주(인) 예수 그리스도로 말미암아 하나님과 화평을 누리자"(롬 5:1).

"그뿐 아니라 이제 우리로 화목하게 하신 우리 주(인) 예수 그리
스도로 말미암아 하나님 안에서 또한 즐거워하느니라"(롬 5:11).
"이는 죄가 사망 안에서 왕 노릇 한 것같이 은혜도 또한 의로 말
미암아 왕 노릇 하여 우리 주(인) 예수 그리스도로 말미암아 영생
에 이르게 하려 함이라"(롬 5:21).

우리가 흔히 믿음으로 의롭다 함을 받는다는 바울의 이신칭의를
말할 때 놓치고 있는 것이 하나 있는데 그것은 예수님이 우리 주인
이 되셔야 한다는 것이다. 바울은 로마서 6장 23절에서 아주 분명하
게 예수님이 주인이 되어야 구원이 있다고 말하고 있다.

"죄의 삯은 사망이요 하나님의 은사는 그리스도(메시아) 예수 우
리 주(인) 안에 있는 영생이니라."

성경은 예수를 그리스도(메시아)로 믿음과 동시에 예수님이 주
인이 되어야 온전한 영생이 있다고 말씀한다. 예수가 내 죄를 위해
죽으셨다고 믿는 것은 지적인 동의다. 그 지적인 동의는 구원의 시
작일 뿐이다. 그 지적인 동의가 나를 천국 가게 해주지는 않는다. 우
리는 나폴레옹이 있었던 것을 믿는다. 예수님이 2천 년 전에 계셨던
것을 믿는다. 이것을 지적인 동의라고 한다. 죽은 나사로가 살아난
것을 믿는다. 예수님도 죽었다가 살아난 것을 믿는다. 이것도 역시

지적인 동의일 뿐이다. 이 지적인 동의가 우리를 천국 가게 하지 않는다. 예수님이 내 죄를 위해 죽으신 것을 믿는 것 역시 지적인 동의일 뿐이다.

예수님을 죄 문제를 해결해주시는 그리스도(메시아)로 믿어도 내가 주인이 되어 살면 여전히 죄를 지을 수밖에 없다. 그러면 죄 문제는 해결된 것이 아니다. 예수님을 한 번 그리스도(메시아)로 믿는 것으로 끝내면 안 된다. 예수를 메시아로 믿음과 동시에 예수가 나의 주인이 되어야 한다. 예수님은 우리의 죄를 한 번만 해결하시는 그리스도(메시아)로 오신 분이 아니다. 우리 인생은 계속해서 수많은 죄를 짓게 된다. 어떻게 하면 계속 죄짓지 않을 수 있는가? 날마다 예수님을 주인으로 모시고 살면 된다. 날마다 예수님을 주인으로 모시고 살라. 그러면 모든 죄를 이길 것이다. 예수님은 우리 죄를 한 번 해결해주는 그리스도(메시아)로 오셨을 뿐만 아니라 계속 죄를 이기게 해주는 우리의 주인이 되기 위해 오셨다.

"이를 위하여 그리스도께서 죽었다가 다시 살아나셨으니 곧 죽은 자와 산 자의 주가 되려 하심이라"(롬 14:9).

이 말씀은 우리가 꼭 암송해야 할 구절이다. 우리는 마치 죄의 물에 빠져 죽을 수밖에 없는 자와 같다. 우리 힘으로는 절대로 이 죄의 물에서 빠져나올 수 없다. 선행이나 고행, 종교, 그 무엇으로도 죄의 물에서 빠져나올 수 없다. 하나님께서 우리가 이 죄의 물에서 빠져나오도록 예수님을 보내주셨다. 예수님은 죄의 물에 허덕이는 우리를 건져주시고 떠나가 버린 분이 아니라 우리 마음에 주인으로 들어오셨다. 예수님을 그리스도(메시아)로 믿고 죄 사함을 받았는데 또다시 죄를 범하고 기죽은 그리스도인으로 살지 말고 예수님을 주인으로 모시고 날마다 기쁨 충만한 삶을 살기 바란다.

당신이 예수님을 구세주로 믿었다면 동시에 내가 주인 된 삶을 버리고 예수님을 당신의 주인으로 모시라. 그것이 모든 죄를 해결하는 방법이다.

"죄의 삯은 사망이요 하나님의 은사는 그리스도(메시아) 예수 우리 주(인) 안에 있는 영생이니라"(롬 6:23).

죄를 없애는 방법은 죄의 근원인 나를 빼내고 우리가 지은 죄의 대가를 십자가에서 지불하신 예수님을 그리스도(메시아)로 믿고 이제 죄와 상관없이 사시는 예수님을 주인으로 모시면 된다. 날마다 구원을 이루는 방법은 날마다 예수님을 주인으로 모시고 살 때 일어난다.

예수를 구세주로 믿는 것과 동시에 날마다 예수를 주인으로 모시고 살아서 두렵고 떨림으로 온전한 구원을 이루어야 한다.

"그러므로 나의 사랑하는 자들아 너희가 나 있을 때뿐 아니라 더욱 지금 나 없을 때에도 항상 복종하여 두렵고 떨림으로 너희 구원을 이루라"(빌 2:12).

구원은 예수를 믿는 순간 받았지만 두렵고 떨림으로 구원을 이루어 가야 한다. 한 번 믿었으니 무조건 다 구원받았다고 말하면 안된다. 바울은 믿음으로 의인된 우리에게 점점 구원이 가까이 오고 있다고 말한다.

"또한 너희가 이 시기를 알거니와 자다가 깰 때가 벌써 되었으니 이는 이제 우리의 구원이 처음 믿을 때보다 가까웠음이라"(롬 13:11).

여기에 처음 예수를 믿을 때보다 점점 더 구원이 가까이 오고 있다는 표현은 예수를 믿음으로 얻은 구원을 영원한 천국에 가기까지 계속 이루어가야 함을 말하는 것이다. 예수를 믿어도 중간에 타락하여 지옥에 가는 자들이 많다. 구약시대에는 가인, 에서, 사울 왕, 엘리 제사장, 홉니와 비느하스, 신약시대에는 가룟 유다, 아나니아와 삽비라, 후메네오, 알렉산더, 데마 등이 있다.

만약 당신이 천국 문 앞에 갔는데 예수님께서 "나는 너를 모른다. 지옥으로 가라" 하시면 얼마나 황당하겠는가? 그때는 땅을 치고 통곡하며 울어도 소용이 없다. 그래서 이 메시지는 신앙의 아주 기본적인 것이지만 정말 중요하다. 요한계시록에 보면 예수를 믿는 자는 생명책에 기록된다는 말씀이 나온다.

> "이기는 자는 이와 같이 흰 옷을 입을 것이요 내가 그 이름을 생명책에서 결코 지우지 아니하고 그 이름을 내 아버지 앞과 그의 천사들 앞에서 시인하리라"(계 3:5).

이 말씀은 이기지 못하는 자는 그 이름을 지우신다는 것을 암시하고 있다.

> "그러나 끝까지 견디는 자는 구원을 얻으리라"(마 24:13).

한 번 예수님을 구세주로 고백했으니 구원받았다고 하면서 내가 주인이 되어 내 마음대로 아무렇게나 살면 이것은 진짜 예수를 믿는 것이 아니다. 매일 주님을 주인으로 모시고 살아야 한다. 유다서에서도 구원받았다가 멸망한 자들을 소개하고 있다.

> "화 있을진저 이 사람들이여, 가인의 길에 행하였으며 삯을 위하여 발람의 어그러진 길로 몰려 갔으며 고라의 패역을 따라 멸망을 받았도다"(유 1:11).

가인의 잘못은 불순종이고, 발람의 잘못은 돈을 사랑하여 거짓

예언을 한 것이며, 고라의 잘못은 권위에 반항한 것이다. 눈에 보이는 이 세상만을 위해 사는 자들은 한 번 믿었으니 천국 간다 착각하고 방탕한 삶을 살며 두렵고 떨림으로 구원을 이루는 것에는 별 관심이 없다. 예수님이 전하는 하나님 나라는 예수님이 오심으로 이미 왔고, 그러나 아직 예수님이 재림하실 때까지는 완성된 것이 아니다. 마찬가지로 예수님을 믿는 순간 구원이 시작은 되었지만 아직 최종적으로 이 땅의 삶을 마치고 천국에 들어가기 전까지는 완전한 구원을 받은 것은 아니다. 그러므로 우리는 날마다 두렵고 떨림으로 구원을 이루어야 한다.

예수님을 믿으면 우리는 구원을 받는다. 이것을 칭의라고 말한다. 우리가 예수님을 구세주로 믿고 마음에 주인으로 모시면 하나님은 우리를 의롭다고 칭하신다. 동시에 성도는 주님과 함께 사는 관계성을 가져야 한다. 그것을 성화라고 말한다. 예수를 믿으면 동시에 구원을 이루는 성화의 삶을 살아야 한다.

칭의와 성화는 동시에 일어나야 하는 것이다.
칭의는 법정적 의미이고 성화는 관계적 의미다.

법정적 칭의만 강조하면 자칫 한 번 구원받았으니 마음대로 살아도 천국 갈 수 있다는 이상한 믿음을 낳게 할 수 있다. 그래서 법정적 칭의와 동시에 아버지와 아들의 관계 유지가 더 중요하다. 이것은 탕자의 비유로 설명해본다면 좀 더 쉬워진다.

탕자가 아버지 집을 떠나 마음대로 살다가 다시 아버지의 집으로 돌아와 아들이 되었으면 법정적으로 아들이라 칭함과 동시에 아버지와 아들의 관계가 회복되었으니 이제 아들답게 살아야 한다. 그러면 "얼마나 아들답게 살아야 하는가?" 하는 것은 문제가 되지 않는다.

아버지 집으로 돌아온 탕자가 다시 아버지 집을 떠나간다면 구원이 없겠지만 아들이 아버지와 좋은 관계를 유지하면서 아버지 집에 사는 한 구원이 있다. 그래서 아들은 아버지 집에 있으면서 아버지와 좋은 관계를 유지하면서 사는 것이 중요하다.

우리가 예수를 믿은 후 이 땅에 발을 딛고 사는 지금은 두렵고 떨림으로 구원을 이루어야 한다. 두렵고 떨림으로 구원을 이루려면 우리의 주인이신 예수님에게 온전히 복종해야 한다.

"그러므로 모든 더러운 것과 넘치는 악을 내버리고 너희 영혼을 능히 구원할 바 마음에 심어진 말씀을 온유함으로 받으라. 너희는 말씀을 행하는 자가 되고 듣기만 하여 자신을 속이는 자가 되지 말라"(약 1:21-22).

지금 이 글을 읽고 마음이 무거운 사람도 있을 것이다. 그 사람은 좋은 기회를 얻은 것이다. 예수님을 구세주로 믿고 동시에 주인으로 모시고 살면 된다. 만약 그렇게 하지 않는다면 천국 문 앞에서 예수님이 "나는 너를 모른다"고 말씀하시는 황당한 거절을 당할 수 있다. 그냥 입으로 "예수를 믿었으니 구원받았다"고 착각하지 말라. 입으로 예수를 믿는다고 한 번 말만 하면 절대로 지옥에 가지 않는다는 말을 맹신하지 말라. 성경에는 예수 믿는다고 말해도 육신대로 살면 반드시 죽는다고 경고하고 있다.

> "너희가 육신대로 살면 반드시 죽을 것이로되 영으로써 몸의 행실을 죽이면 살리니"(롬 8:13).

우리는 너무 우리가 편한 대로 성경을 이용하려고 한다. 예수를 한 번 믿기만 하면 무조건 천국에 간다는 것은 내 편의주의이며 반쪽 구원의 확신이다. 이런 자는 한 번 아들이 되었으니 마음대로 살아도 된다는 방종의 삶으로 가게 되고, "두렵고 떨림으로 구원을 이루라" (빌 2:12)는 말씀을 완전히 무시하는 자이다. 바울은 하나님의 나라에 들어가지 못하는 자, 지옥에 갈 자를 분명하게 기록하고 있다.

> "불의한 자가 하나님의 나라를 유업으로 받지 못할 줄을 알지 못하느냐. 미혹을 받지 말라. 음행하는 자나 우상 숭배하는 자나 간음하는 자나 탐색하는 자나 남색하는 자나 도적이나 탐욕을 부리는 자나 술 취하는 자나 모욕하는 자나 속여 빼앗는 자들은 하나님의 나라를 유업으로 받지 못하리라"(고전 6:9-10).

"우상 숭배와 주술과 원수 맺는 것과 분쟁과 시기와 분냄과 당 짓는 것과 분열함과 이단과 투기와 술 취함과 방탕함과 또 그와 같은 것들이라. 전에 너희에게 경계한 것같이 경계하노니 이런 일을 하는 자들은 하나님의 나라를 유업으로 받지 못할 것이요"(갈 5:20-21).

"너희도 정녕 이것을 알거니와 음행하는 자나 더러운 자나 탐하는 자 곧 우상 숭배자는 다 그리스도와 하나님의 나라에서 기업을 얻지 못하리니"(엡 5:5).

**예수님도 분명하게 경고하신다.**

"나더러 주여 주여 하는 자마다 다 천국에 들어갈 것이 아니요 다만 하늘에 계신 내 아버지의 뜻대로 행하는 자라야 들어가리라"(마 7:21).

이 구절은 너무나 유명한 구절이어서 그냥 넘어가려고 한다. 예수님은 그냥 입으로 믿기만 하면 천국에 간다고 말씀하시지 않았다.

"내가 내 친구 너희에게 말하노니… 죽인 후에 또한 지옥에 던져 넣는 권세 있는 그를 두려워하라. 내가 참으로 너희에게 이르노니 그를 두려워하라"(눅 12:4-5).

여기에 '내 친구'는 제자들이다. 주님은 오늘도 예수님을 믿고 제자로 살아가는 사람들에게 지옥에 던져 넣을 수 있는 하나님을 두려워하라 말씀하신다. 당신이 예수님을 구세주로 믿었으면 당연히 예수님을 주인으로 모시고 살아야 한다. 예수님을 구세주로만 믿지 말고 동시에 예수님을 주인으로 모시고 살라. 예수님이 주인 된 삶은 부담이 아니다. 진짜 행복이다. 예수님은 폭군이 아니시다. 예수님이 주인 된 삶은 진정한 자유다. 예수님이 주인 된 삶은 우리가 생각지도 못한 은혜가 부어지는 삶이다. 마치 애벌레가 땅에 머리를 박고 살다가 나비가 되어 하늘을 나는 삶과 같은 것이다.

예수님을 구세주로만 믿고 일상생활에서 예수님을 주인으로 모시고 살지 않는 자는 아직 예수 믿는 것이 무엇인지 잘 모르는 것이다. 혹시 아직도 예수님을 주인으로 모시지 않고 내가 주인이 되어 사는 이가 있다면 오늘 조용히 예수님을 주인으로 모시는 시간을 가지라. 그분이 당신의 주인이 되신다면 당신 삶에 전에 느끼지 못했던 일들이 일어날 것이다. 예수를 주인으로 마음에 영접한 사람이 진짜 예수 믿는 사람이다.

"영접하는 자 곧 그 이름을 믿는 자들에게는 하나님의 자녀가 되는 권세를 주셨으니"(요 1:12).

# 예수님은 나의 구세주며 주인이시다

1. 예수님의 뜻은 무엇입니까? (마 1:21)

2. 2천 년 전에 죽으신 예수님의 피가 2천 년이나 지난 현대인들의 죄를 어떻게
   사하실까요? (행 20:28)

3. 참 구원은 예수님을 구세주로 믿는 동시에 예수님을 (            )으로 모셔
   야 합니다. (    )를 채우십시오.

4. 예수님이 십자가에 죽으시고 부활하신 이유가 무엇입니까? (롬 14:9)

5.  예수님을 한 번 믿기만 하면 무조건 구원을 얻나요?

    아니면 두렵고 떨림으로 구원을 이루어야 할까요? (빌 2:12)

6.  "행위로 구원을 얻는가? 믿음으로 구원을 얻는가?" 라는 문제를 어떻게 해결

    해야 할까요?

7.  빌립보서 2장 12절을 암송해보세요.

    "그러므로 나의 사랑하는 자들아 너희가 나 있을 때뿐 아니라 더욱 지금 나 없

    을 때에도 항상 복종하여 두렵고 떨림으로 너희 구원을 이루라" (빌 2:12).

우리가 살아도 주를 위하여 살고 죽어도 주를 위하여 죽나니
그러므로 사나 죽으나 우리가 주의 것이로다.
이를 위하여 그리스도께서 죽었다가 다시 살아나셨으니
곧 죽은 자와 산 자의 주가 되려 하심이라. 롬 14:8-9

# 예수님은 나의 주인이 되기 위해 죽으셨다

성경에 예수님을 구주로, 구세주로 기록한 단어가 36번 나오고, 반면에 예수님을 주인, 주로 기록한 단어는 7,800번 등장한다. 이것은 성경이 예수님을 주인으로 모시라는 것을 강조하고 있는 것이다.

"네가 만일 네 입으로 예수를 주로 시인하며 또 하나님께서 그를 죽은 자 가운데서 살리신 것을 네 마음에 믿으면 구원을 받으리라"(롬 10:9).

바울은 예수님을 주로 시인하고 주로 믿어야 구원받는다고 말한다. 예수 믿는다는 것은 나의 죄를 위해 십자가에 죽으시고 부활하신 예수님을 나의 주인으로 모시는 것이다.

"유대인이나 헬라인이나 차별이 없음이라. 한 분이신 주께서 모든 사람의 주가 되사 그를 부르는 모든 사람에게 부요하시도다. 누구든지 주의 이름을 부르는 자는 구원을 받으리라"(롬 10:12-13).

바울이 주의 이름을 부르는 자가 구원받는다고 말하기 전에 모든 사람의 주인이 되신 주를 말하고 있음을 놓치지 말아야 한다. 예수를 믿는다는 것은 내 속에 죄의 뿌리인 나를 빼내고 대신 예수님을 나의 주인으로 모시는 것이다. 그것이 구원이다. 구원은 죄의 뿌리인 나로부터 건져주시는 것이다.

구원은 죄의 열매로부터 건져주는 것이 아니다. 성경은 분명하게 기록하고 있다. 예수님께서 우리의 죄를 위해 십자가에 죽으시고 부활하신 이유가 나의 주인이 되시기 위함이라고 말씀하신다.

"이를 위하여 그리스도께서 죽었다가 다시 살아나셨으니 곧 죽은 자와 산 자의 주가 되려 하심이라"(롬 14:9).

이 구절은 외워야 한다. 많은 그리스도인이 오랫동안 예수님을 구세주로만 믿고 그 후엔 자기가 주인이 되어 여전히 죄를 범하며 살고 있다. 이것은 진짜 그리스도인의 모습이 아니다. 다시 불신자로 돌아가는 것이다. 이것은 정말 새 생명을 얻은 자의 모습이 아니다.

로마서는 세 부분으로 나누어져 있다. 1~8장까지는 믿음으로 의롭게 됨을 말하고, 9~11장까지는 삽입 장으로 유대인을 향한 하나님의 절대 주권을 말하며, 12~16장까지는 다시 믿음의 주제로 돌아가서 믿음으로 의인된 우리가 어떻게 살아야 하는지 말한다.

로마서 12장 1절에서는 믿음으로 의인된 자는 몸을 하나님이 기뻐하시는 산 제사를 드림으로 시작하라고 말씀한다. 이것은 믿음으로 사는 자는 자기가 죽는 것으로 시작된다는 것을 말한다. 로마서 14장 8절은 믿음으로 의인된 우리는 반드시 예수님을 주인으로 모시고 살든지 죽든지 주인 되신 주를 위하여 살아야 함을 기록하고 있다. 그리고 로마서 14장 9절에서 예수님은 우리의 주인이 되시기 위해 십자가에서 죽으시고 부활하심을 말하고 있다.

믿음으로 구원받은 자는 반드시 내가 죽고 예수가 주인이 되어야 한다. 믿음으로 구원받은 자는 자기를 위해 살지 않고 내 안의 주인인 예수를 위해 살아야 한다. 믿음으로 구원받은 자는 '내 인생 내 마음대로 산다'가 아니다.

구원받은 자의 인생은 내 무대가 아니라 그분의 무대가 되어야 한다. 구원받은 자의 인생이란 내가 사는 것이 아니라 내 안에 그분이 살게 하는 것이다.

"내가 그리스도와 함께 십자가에 못 박혔나니 그런즉 이제는 내가 사는 것이 아니요 오직 내 안에 그리스도께서 사시는 것이라" (갈 2:20).

이것은 그냥 이론으로만 받아들이면 안 된다. 정말 이렇게 살아야 한다. 초대교회 교인들은 예수님을 주인으로 모셨다.

"그러므로 너희가 그리스도 예수를 주로 받았으니 그 안에서 행하되 그 안에 뿌리를 박으며 세움을 받아 교훈을 받은 대로 믿음에 굳게 서서 감사함을 넘치게 하라"(골 2:6-7).

골로새 교인들은 그리스도(메시아)인 예수님을 주인으로 모셨다. 왜 초대교회는 기적이 많았는가? 왜 초대교회에는 큰 부흥이 있었는가? 예수님을 주인으로 모셨기 때문이다. 그들은 예수를 믿는 것과 예수님을 주인으로 모시고 사는 것을 분리하지 않았다. 초대 교인들이 예수를 믿는다는 것은 당연히 예수님을 주인으로 모시고 예수님의 말씀대로 사는 것이었다.

초대교회 교인들은 전도할 때 예수를 주님으로 전하였다. 그런데 우리는 전도할 때 예수님이 우리 죄를 해결해주시는 구세주라는 것만을 전하는 실수를 범하고 있다. 물론 예수님은 우리의 구세주이시다. 그러나 정말 중요한 것은 예수님을 주인으로 모셔야 하는 것이다.

"우리는 우리를 전파하는 것이 아니라 오직 그리스도(메시아) 예수의 주 되신 것과 또 예수를 위하여 우리가 너희의 종 된 것을 전파함이라"(고후 4:5).

초대 교인들은 예수님의 주 되심을 전파하였다. 우리도 전도할 때 예수님이 우리 죄 문제를 해결해주시는 구세주인 동시에 주인 되심을 전해야 한다. 복음을 전한다는 것은 메시아인 예수님이 주인 되심을 전하는 것이다.

한 사람의 마음에 주인이 두 명이 될 수 없다. 고속도로에서 운전수가 두 명이 되어 서로 다투며 운전한다면 정말 위험천만한 일일 것이다. 어떤 장소든지 주인이 두 명이면 큰 혼란과 분열이 일어난다. 예수를 잘못 믿게 되면 주인이 두 명이 되는 현상이 일어난다. 때로는 내가 주인이 되었다가 때로는 예수님이 주인이 되었다가 하는 것이다. 아래에 세 개의 그림이 있다.

동그라미는 사람을 의미하고, 의자는 사람의 마음을 의미한다. 이 세 그림 중에 첫 번째 그림은 불신자이고, 세 번째 그림은 예수님을 믿는 자이다. 그런데 두 번째 그림은 예수님과 내가 주인인 자이다. 이 두 번째 그림에 나오는 두 주인이 있는 그림은 존재하지 않는 그림이다. 만약 당신이 두 번째 그림에 속한다면 불신자다. 한국교회

에 두 번째 그림이 소개된 것은 엄청난 실수다. 이것은 실수를 넘어 저주이다. 예수를 믿는 사람은 반드시 세 번째 그림이 되어야 한다.

내가 주인이 되면 내 욕심, 내 본능이 살아나서 죄짓게 되고, 예수님이 주인이 되면 예수님처럼 살게 된다. 두 번째 그림처럼 나와 예수님이 함께 주인이 되는 것은 신앙인의 삶이 아니다. 이런 삶은 불신자의 삶이다. 예수를 믿는 것은 '내가 주인이 되는 나'를 완전히 부인하는 것이다. 예수님은 이것을 명확하게 해주셨다.

> "무리와 제자들을 불러 이르시되 누구든지 나를 따라오려거든 자기를 부인하고 자기 십자가를 지고 나를 따를 것이니라. 누구든지 자기 목숨을 구원하고자 하면 잃을 것이요 누구든지 나와 복음을 위하여 자기 목숨을 잃으면 구원하리라"(막 8:34-35).

이 말씀은 꼭 예수님을 따르는 제자들에게만 하시는 말씀이 아니다. 성경은 분명 무리와 제자들에게 하시는 말씀이라고 기록한다. 즉 예수를 믿는 모든 자에게 하시는 말씀이다. 예수님은 제자와 예수 믿는 무리를 구별하지 않으신다. 예수님을 따르는 자는 누구든지 먼저 자기를 부인해야 한다. 예수를 따르는 자는 자기를 부인하는 정도가 아니고 더 나아가 완전히 죽어야 한다. 예수님 당시 십자가를 지고 따른다는 것은 죽는 것을 의미한다.

당시 로마는 세계를 지배하였기에 로마에 반역하는 자들을 하루에도 수없이 십자가에 매달아 죽였다. 그래서 언덕으로 십자가를 지고 가면 "아, 저 사람이 또 죽는구나" 하고 다 알았다. 예수를 믿는다는 것은 죄의 뿌리인 나를 부인하고 더 나아가 나를 죽이는 것이다. 사람이 죽는다는 것은 쉬운 일이 아니다. 그래서 예수를 믿어도 내 자아가 잘 안 죽는다. 그러므로 우리는 의도적으로 날마다 내 자아를 죽여야 한다.

"또 무리에게 이르시되 아무든지 나를 따라오려거든 자기를 부인하고 날마다 제 십자가를 지고 나를 따를 것이니라"(눅 9:23).

한 시간 죽는 것이 아니다. 하루 죽는 것이 아니다. 일 년 죽는 것이 아니다. 날마다 죽어야 함을 잊지 말라. 예수님을 믿는다고 입으로 말만 한다고 해서 천국에 가는 것은 절대 아니다. 날마다 내가 죽고 내 안에 예수님이 주인으로 살아야 한다. 이 말이 의심스러우면 다음 말씀을 보라.

"나더러 주여 주여 하는 자마다 다 천국에 들어갈 것이 아니요 다만 하늘에 계신 내 아버지의 뜻대로 행하는 자라야 들어가리라"(마 7:21).

예수님의 말씀은 예수님을 주인으로 모시고 살아야 천국 가는 것을 전제로 하고 있다. 예수님은 예수님을 구세주로 믿는 자는 다 천국에 들어갈 것이라고 말씀하시지 않고 예수님께 "주여"라고 하는 자가 천국에 들어간다는 것을 말씀하시면서 거기다가 예수님을 주인으로 모신 자는 행동이 따라야 함을 지적하신 것이다.

여기에 예수님께서 "주여 주여"라고 두 번이나 말씀하신 것은 강조이기도 하지만 예수님의 감정이 격해져 있음을 느낀다. 예수님 당시 부잣집에는 종이 많았다. 종들 중에 제일 골치 아픈 종은 말로는 주인님, 주인님 하면서 자기 멋대로 행동하는 종이다. 그러면 주인이 얼마나 화나겠는가? 주인은 그 종을 당장 집에서 쫓아내고 말 것이다. 그다음 구절도 보라.

"그날에 많은 사람이 나더러 이르되 주여 주여 우리가 주의 이름으로 선지자 노릇 하며 주의 이름으로 귀신을 쫓아내며 주의 이름으로 많은 권능을 행하지 아니하였나이까 하리니"(마 7:22).

여기에 '많은 사람'이라는 것은 헬라어로 '폴루스'인데 이는 한두 명이 아니라 대부분의 사람이라는 것에 주목하라. 예수님은 지금 꾸며낸 이야기를 하시는 것이 아니다. 사람들에게 겁을 주기 위해 하시는 말씀도 아니다. 예수님은 마지막 날을 이미 보시고 "그날에 많은 사람이"라고 말씀하고 있다. 예수님은 미리 마지막 날을 바라보시면서 말씀하시는 것이다. 정말 그 마지막 날에 이런 일이 일어난다는 것이다. 그러므로 우린 이 말씀을 가볍게 여기면 안 된다.

당신 주위에 대부분의 사람이 예수 믿기만 하면 천국 간다고 말한다고 해서 안전한 것이 아니다. 아무리 많은 사람이 예수를 믿기만 하면 천국 간다고 말해도 예수님이 아니라면 아닌 것이다. 예수님은 입으로만 "주여 주여" 하는 것에 염증을 느끼신다. 그다음 구절은 더 강하게 경고하신다.

"그때에 내가 그들에게 밝히 말하되 내가 너희를 도무지 알지 못하니 불법을 행하는 자들아 내게서 떠나가라 하리라"(마 7:23).

예수님은 입으로만 "주여"라고 부르고 삶에서는 예수님을 주인으로 모시고 사는 행위가 없는 자들을 향해 예수님에게서 떠나가라고 말씀하신다. 내가 이런 말씀을 전한다고 해서 행위 구원을 말하는 것은 아니다. 우리의 행위로 천국에 갈 자는 아무도 없다. 다만 옳은 행위가 예수님을 정말 믿는다는 것을 증명한다. 내 삶에 행위가 따르지 않는다면 내가 진짜 예수를 믿는 것인지 자신을 되돌아보아야 한다.

우리 삶에 예수 믿는 자로서의 행위가 따르려면 내 노력이 아니라 예수님을 주인으로 모시고 살면 저절로 된다. 아버지의 뜻대로 행할 수 있는 힘은 예수님을 구세주로 믿었다고 해서 생기는 것이 아니라 예수님이 내 안에 주인이 될 때 그분의 은혜로 저절로 생긴다. 예수님을 그냥 주라고 호칭으로만 사용하지 말고 예수님을 주인으로 모시고 예수님이 내 안의 주인이 되는 삶을 살라.

그리스도인 삶의 진정한 성공은 예수님이 주인 되어 사는 삶이다. 한국교회는 그동안 강단에서 세상 성공과 리더십(Leadship)과 윤리를 많이 강조하였다. 이제 리더십보다 로드십(Lordship)을 강조해야 한다. 예수님이 주인 되는 삶을 살지 않고는 진정한 성도가 아니다.

> "모든 입으로 예수 그리스도(메시아)를 주라 시인하여 하나님 아버지께 영광을 돌리게 하셨느니라"(빌 2:11).

하나님은 모든 사람이 구세주인 예수님을 주라 시인하기를 원하신다. 구세주인 예수님을 주인으로 모시는 삶 자체가 하나님께 영광이 된다. 예수님을 주라고 부르고 그분을 주로 모시고 살아야 구원을 얻는다.

> "네가 만일 네 입으로 예수를 주로 시인하며 또 하나님께서 그를 죽은 자 가운데서 살리신 것을 네 마음에 믿으면 구원을 받으리라. 사람이 마음으로 믿어 의에 이르고 입으로 시인하여 구원에 이르느니라"(롬 10:9-10).

바울은 예수님을 주인으로 모시고 그분이 내 주인이라고 크게 불러야 한다고 말한다.

> "누구든지 주의 이름을 부르는 자는 구원을 받으리라"(롬 10:13).

바울 당시 예수를 주로 부르는 것은 위험천만한 일이었다. 로마에는 수많은 종교가 있었다. 로마 정치인들은 팍스 로마를 앞세우며 다른 민족들의 수많은 종교를 다 수용하였다. 그런데 로마 황제들이 유독 기독교인을 핍박한 이유가 무엇인가? 그들이 기독교인들을 핍박한 가장 큰 이유는 황제를 '주'(큐리오스)라고 부르지 않고 예수를 '주'(큐리오스)라고 불렀기 때문이다.

로마인들은 서로 만나면 "큐리오스 카이사르"라는 말로 황제에게 충성을 다한다는 인사를 하였다. 그런데 기독교인들은 만나면 "큐리오스 예수스"를 외쳤기에 금방 체포되었고, 결국 그 고백 때문에 순교하였다. 살아 있는 자들은 황제를 피해 카타콤에 들어가 살았다. 로마 근교에 카타콤이 있다. 그곳은 지하 공동묘지로 약 600만 구의 시신이 묻혀 있다. 그 지하 무덤의 길이는 900km가 넘는다. 그곳에 엄청난 시신이 묻힌 이유는 초대교회 교인들이 그곳에서 로마 황제들의 핍박을 피해 숨어 살았기 때문이다.

AD 63년에 시작된 네로 황제의 핍박으로부터 콘스탄틴 대제가 기독교를 공인한 AD 313년까지 무려 250년을 이곳에서 숨어 살았다. 놀라운 것은 그곳에서 발견되는 시신들의 키가 1m 20cm밖에 되지 않는 것이다. 시신을 발굴한 사람들이 처음에는 어린아이 시신인 줄 알았다. 그런데 알고 보니 모든 시신의 길이가 다 비슷하였다. 연구진에 의하면 지하묘지에서 햇빛을 보지 못하고 살아서 키가 자라지 않았다는 것이다. 초대교회 교인들은 그런 엄청난 희생을 치르면서 주의 이름을 부르고 믿음을 지켰던 것이다.

우리는 "주의 이름을 부르는 자는 구원을 얻는다"고 말한 바울의 시대적 상황을 알아야 한다. 바울 당시에 예수님을 주인으로 부르는 것은 생명을 내주는 것과 같은 굉장히 위험한 일이다. 현대 그리스도인들은 너무 쉽게 예수님을 호칭으로만 주라고 부르고 있다.

사도행전 16장에는 주인 예수를 믿으면 모든 집안이 다 구원받는다는 말씀이 나온다.

"이르되 주(인) 예수를 믿으라. 그리하면 너와 네 집이 구원을 받으리라"(행 16:31).

이 구절의 배경을 보자. 사도 바울이 예수님을 전한다는 이유로 중죄인이 되어 지하 감옥에 갇혔다. 그런데 바울과 실라가 감옥에서 찬양을 하자 옥문이 열렸다. 바울을 지키는 간수장은 바울과 실라가 도망한 줄 알고 자결하려고 하였다. 그때 바울이 소리를 지르며 "자결하지 말라. 우리가 여기 있노라"고 하였다. 그만큼 바울은 중죄인이었다. 간수장은 바울과 실라 앞에 엎드려 벌벌 떨며 어떻게 해야 구원을 얻겠느냐 물었다. 그는 조금 전만 해도 사도 바울이 예수 이름을 말할 때 죄인 취급하며 심한 매를 때리고 바울을 감옥에 넣었던 자다. 그 간수장에게 바울이 "주(인) 예수를 믿으라. 그리하면 너와 네 집이 구원을 받으리라"고 말하였다. 그 간수장은 입으로만 예수를 믿는다고 말하는 자가 아니다. 그는 예수를 위해 목숨을 거는 것이다. 또 바울은 예수를 소개할 때 주인 예수를 소개하였음을 보아야 한다.

예수님께서 십자가에 달리실 때 오른편 강도는 예수님을 믿기만 하여 천국에 가지 않았느냐고 말하는 이가 있다. 여기에 우리가 놓치고 있는 것 세 가지를 살펴보자.

첫 번째, 그 강도가 유대인이라는 것이다. 예수님 당시 유대인들은 태어남과 동시에 모두 유대교를 믿었다. 그들은 구약성경을 다 알고 있었다. 그들은 하나님을 열심히 섬기는 자이다. 오른편 강도는 평생 유대인으로 살다가 죄를 범하고 사형선고를 받아 지금 십자가 위에서 죽어가고 있다. 그가 자신이 평생 믿었던 유대교를 버리고 예수를 믿었다는 것이다. 그 당시 예수를 믿는 것은 이교도를 믿는 배도이다. 우리 주위에 평생 불교를 믿어왔던 자가 죽는 순간 기독교로 바꾸는 일은 거의 있을 수 없는 것과 마찬가지다. 오른편 강도는 우리가 생각하는 것처럼 간단히 입으로만 예수를 믿은 것이 아니다.

두 번째, 강도는 예수님이 놀라운 기적을 행하시는 것을 보고 믿은 것이 아니다. 예수님이 불치병을 고치시는 것을 보고 믿은 것이 아니다. 십자가에 비참하게 죽어가는 30대의 초라한 예수를 믿었다는 것이다. 이것은 가히 혁명적인 일이다. 그는 단순히 입으로만 예수를 믿은 것이 아니다. 그는 지금 십자가 위에서 자신처럼 비참하게 죽어가는 예수를 믿은 것이다. 우리는 지금 예수님이 우리 죄를 위해 십자가에 죽으시고 3일 만에 부활하신 것을 알고 있다. 그러나 오른편 강도는 아직 부활하실 주님을 모른다. 지금 그의 눈에 보이는 예수는 힘없이 죽어가는 십자가에 못 박힌 예수다. 그런데 그는 그 나약한 예수를 믿고 그 예수에게 자신의 영혼을 맡겼다.

세 번째, 강도는 천국이 있음을 믿었을 뿐만 아니라 예수님을 천국의 주인으로 믿었다. "예수여 당신의 나라에 임하실 때에 나를 기억하소서"(눅 23:42). 강도가 그의 입으로 '당신의 나라' 라고 하며 분명하게 예수님이 천국의 주인임을 고백하였다. 오른편 강도는 죽는 순간 평생 믿어온 유대교를 버리고 그의 전 인생을 송두리째 예수님에게 맡긴 것이다. 오른편 강도의 믿음은 엄청나게 큰 믿음이다. 우리는 예수를 입술로 믿기만 하면 천국 간다는 그 위험한 구원관을 점검해보아야 한다.

오늘 당신의 주인을 분명히 하라. 예수를 믿어도 여전히 적당히 내가 주인이 되어 사는 자는 아직 예수님을 주인으로 모시고 사는 자가 아니다. 내가 삶의 주인인 자는 모든 것이 다 '나'이다. 내 비전, 내 꿈, 내 가족, 내 자녀, 내 건강, 내 취미, 내 직업, 내 성공, 내 유명…. 내가 주인인 자는 무슨 기도를 하여도 내가 주인이 되어서 내 기도를 들어 달라고 한다.

내가 주인인 자는 자기가 너무 커서
예수님을 자신의 삶에 이용만 한다.
그러나 예수님이 주인이 된 자는 예수님이 너무 커서
예수님의 말씀에 내가 이용당하는 것을 기뻐하고 만족한다.

당신은 예수님을 이용하는 자가 아니라 예수님을 진정으로 주인으로 모시고 그 주인의 말에 순종하는 자로 살라.

현대인들은 마치 지구가 우주의 중심이라고 외치며 살았던 중세 시대의 어리석은 자들과 같다. 지구는 우주의 중심이 아니다. 지구는 한낱 태양 주위를 도는 작은 행성일 뿐이다. 마찬가지로 온 우주의 중심은 내가 아니라 예수님이시고 나는 그저 예수님의 종에 불과하다. 세상의 타락한 문화는 우리에게 말한다. "네가 세상에 중심에 서라." "네가 주도적인 인생을 살라." "네가 네 마음대로 살지 않는다면 죽는 날에 후회할 것이다." "모든 문제는 네 스스로 해결하라." 이것은 바로 에덴동산에서 사탄이 하와에게 유혹한 것과 같은 말이다. "먹고 싶은 대로 먹으라." "하고 싶은 대로 하라." "보암직한 것을 보라." "탐스러운 것을 가지라." 이것은 진리가 아니다. 이것은 거짓말이다. 이것대로 하면 사탄의 종이 되고 에덴동산은 파괴된다.

세상은 "너를 행복하게 하라" 하고, 세상은 "너를 예배하라"고 유혹한다. 아니다. 이것은 사탄의 유혹이다. 우리는 우리 자신을 높이라고 창조된 것이 아니라 우리의 주인이신 예수님을 높이라고 창조된 피조물이다. 우리는 자신을 예배(칭찬)하는 자로 지어진 것이 아니고 주님을 예배하는 자로 창조되었다. 우리는 나를 높이지 말고 우리 주인이신 예수님을 높여야 한다. 자기를 사랑하고 자기를 높이는 것은 말세의 표징 중에 하나다.

> "사람들이 자기를 사랑하며 돈을 사랑하며 자랑하며 교만하며 비방하며 부모를 거역하며 감사하지 아니하며 거룩하지 아니하며"(딤후 3:2).

최근에는 버킷 리스트라는 것까지 나와서 죽기 전에 하고 싶은 것을 다하고 죽으라고 말한다. 아니, 그렇게 하면 뭐 하나? 죽으면 곧바로 지옥에 갈 것인데…. 버킷 리스트 할 시간과 돈이 있다면 그것으로 죽기 전에 조금 더 예수를 위해 살다가 천국에 가야 한다. 당신이 예수를 믿는가? 그렇다면 나를 위한 삶을 내려놓고 주인을 위해 살라. 예수 믿는 것은 예수님을 주인으로 모시는 것으로 시작된다. 고린도교회 교인들은 예수님을 주인으로 불렀다고 기록하고 있다.

> "고린도에 있는 하나님의 교회 곧 그리스도 예수 안에서 거룩하여지고 성도라 부르심을 받은 자들과 또 각처에서 우리의 주 곧 그들과 우리의 주 되신 예수 그리스도의 이름을 부르는 모든 자

들에게 하나님 우리 아버지와 주 예수 그리스도로부터 은혜와 평강이 있기를 원하노라"(고전 1:2-3).

고린도에 있는 성도는 예수님을 주인으로 부르는 자들이었다. 즉 성도란 예수님을 주인으로 모신 자들이다. 순교자 스데반은 죽을 때 이렇게 기도하였다.

"그들이 돌로 스데반을 치니 스데반이 부르짖어 이르되 주 예수여 내 영혼을 받으시옵소서 하고 무릎을 꿇고 크게 불러 이르되 주여 이 죄를 그들에게 돌리지 마옵소서. 이 말을 하고 자니라"(행 7:59-60).

스데반은 돌에 맞아 죽는 순간 구세주 예수님을 부른 것이 아니라 주인 예수님을 불렀다. 이것은 초대교회 교인들의 신앙이었다. 매주 예배가 끝날 때 목사들이 하는 축도는 사도 바울의 축도다. 그 축도에는 언제나 예수님을 주로 소개한다.

"주(인) 예수 그리스도의 은혜와 하나님의 사랑과 성령의 교통하심이 너희 무리와 함께 있을지어다"(고후 13:13).

사도 바울은 데살로니가후서에서도 마지막 장 마지막 절에 예수님을 주인으로 소개하고 그 주인 되신 예수님과 언제나 함께하길 기도하였다.

"평강의 주께서 친히 때마다 일마다 너희에게 평강을 주시고 주께서 너희 모든 사람과 함께 하시기를 원하노라"(살후 3:16).

초대교회를 이끌었던 베드로는 베드로전·후서를 쓰면서 주인 되신 예수님을 강조했다.

"너희 마음에 그리스도(메시아)를 주로 삼아 거룩하게 하고 너희 속에 있는 소망에 관한 이유를 묻는 자에게는 대답할 것을 항상 준비하되 온유와 두려움으로 하고"(벧전 3:15).
"곧 거룩한 선지자들이 예언한 말씀과 주 되신 구주께서 너희의 사도들로 말미암아 명하신 것을 기억하게 하려 하노라"(벧후 3:2).

베드로는 베드로후서 마지막을 기록하면서 예수님의 주인 되심을 강조하고 마쳤다.

"오직 우리 주 곧 구주 예수 그리스도의 은혜와 그를 아는 지식에서 자라 가라. 영광이 이제와 영원한 날까지 그에게 있을지어다"(벧후 3:18).

성도가 성도답게 살 수 있는 비결은 다름 아닌 예수님을 주인으로 모시고 사는 것에 있다.

"우리가 살아도 주를 위하여 살고 죽어도 주를 위하여 죽나니 그러므로 사나 죽으나 우리가 주의 것이로다"(롬 14:8).

예수님이 주인이 되는 삶은 손해가 아니라 엄청난 축복이다. 예수님이 주인 되면 모든 것에서 자유하게 된다. 죄로부터 자유하게 된다. 세상의 모든 중독으로부터 자유하게 된다. 염려, 근심, 걱정으로부터 자유하게 된다. 질병으로부터 자유하게 된다. 미래에 대한 두려움으로부터 자유하게 된다. 예수님이 주인 되면 어떤 상황에서도 오뚝이처럼 일어나게 된다.

"우리가 사방으로 우겨쌈을 당하여도 싸이지 아니하며 답답한 일을 당하여도 낙심하지 아니하며 박해를 받아도 버린 바 되지 아니하며 거꾸러뜨림을 당하여도 망하지 아니하고 우리가 항상 예수의 죽음을 몸에 짊어짐은 예수의 생명이 또한 우리 몸에 나타나게 하려 함이라"(고후 4:8-10).

화니 크로스비라는 여성은 신앙이 좋은 부모와 할머니 밑에서 자랐다. 그러나 그녀의 마음속에는 늘 하나님을 향한 원망이 있었다. 그녀는 태어난 지 6주 만에 맹인이 되었기 때문이다. 육체의 질병과 자신이 앞을 보지 못하는 것에 대해 부모를 원망하고 하나님을 원망하였다. 그녀는 수많은 설교를 들어도 아무런 감동이 없었다. 그런데 그녀를 사랑한 스승이 있었다. 데오도르 캠프라는 이 스승은 하나님의 말씀을 가지고 화니 크로스비에게 복음을 전해주었다. 그때 마침 뉴욕 전역에 전염병이 유행하게 되었다.

어느 날, 크로스비가 꿈을 꾸었는데 자기 스승인 데오도르 캠프가 전염병으로 죽어가는 광경을 보았다. 그 스승은 죽어가면서 이렇게 말하였다.

"크로스비야, 너는 천국에서 나를 만나주겠니?"

잠에서 깨어난 크스로비는 자신이 천국에 갈 확신이 없음을 깨닫고 불안해지기 시작하였다.

"어떻게 하면 천국에 갈 수 있을까? 어떻게 하면 인생의 의미를 찾을 수 있을까? 어떻게 하면 내 인생이 풍성한 열매를 맺을까?"

여러 생각 끝에 간호사가 되기로 결심했다. 그녀는 간호사가 되어 선행을 하다 죽으리라 결심하였다. 그래서 그녀는 전염병이 유행하는 뉴욕에서 간호사가 되고자 지원하였다. 그러나 그녀의 마음에는 여전히 아무런 평안이나 기쁨이 없었다. 특히 죽은 후에 천국에 갈 확신이 없었다.

1850년 11월 20일, 교회 전도집회에 참석한 그녀는 예수님께서 자신을 부르는 음성을 들었다. 그녀는 설교가 끝난 뒤 마지막 찬송을 부를 때 주님 앞에 일어섰다.

"웬 말인가 날 위하여 주 돌아가셨나… 몸밖에 드릴 것 없어 이 몸 바칩니다."

그녀는 이렇게 기도하였다.

"주님, 내가 스스로 내 인생을 고쳐 보려고 노력했지만 실패하였습니다. 이젠 주님이 내 삶을 맡으시고 주관해 주옵소서."

그녀의 삶을 주님께 드리고 예수님을 주인으로 모셨을 때 그녀의 인생이 송두리째 달라졌다. 그녀의 입술에 불평불만이 사라졌다. 모든 것이 감사로 바뀌었다. 그녀가 만지는 꽃들, 나무들, 풀들, 새들의 지저귐, 시냇물의 소리까지도 하나님의 선하심을 고백하였다. 그녀는 이 모든 신앙고백을 시로 담아내기 시작하였다. 하나님께서 그녀의 마음에 어마어마한 찬송가 가사를 부어주셨다. 그 뒤 그녀가 지은 찬송은 "예수로 나의 구주 삼고" "주의 친절한 팔에 안기세" "인애하신 구세주여" "나의 갈길 다 가도록 예수 인도하시니" "내 주를 가까이하려 함은" 등 8천여 곡이나 되었다.

그녀는 가는 곳마다 찬송을 했다. 어디를 가나 사람들로부터 찬양과 설교를 부탁받았다. 그녀는 94세의 나이에 편안하게 잠을 자다가 하늘나라로 갔다. 그녀가 자신이 주인이 되어 자기 인생에 일어난 일에 대한 불평불만에 차 있을 때는 기쁨도 없었고 노래도 없었다. 하지만 예수님을 주인으로 모시고 살자 위로부터 쏟아지는 찬송가 가사가 떠올랐고 그녀의 눈에 보이는 모든 것이 시였고 노래였다.

예수님이 주인 되면 아무것도 갖지 않았으나 모든 것을 가진 자가 되고, 가장 약한 자 같으나 가장 강한 자가 되고, 실패한 것 같으나 성공한 자가 된다. 예수님은 예수님이 오신 것은 우리를 풍성하게 하려 함이라고 분명하게 말씀하셨다.

"내가 온 것은 양으로 생명을 얻게 하고 더 풍성히 얻게 하려는 것이라"(요 10:10).

예수님이 주인 되면 내 비전이 축소되는 것이 아니라 나 자신만을 위해 사는 초라한 비전을 버리고 온 세상을 향한 풍성한 비전을 가지게 된다. 예수님이 내 주인이 되면 손해가 아니라 훨씬 더 큰 축복이 된다. 예수님이 내 주인 되면 모든 불평과 원망이 사라진다. 예수님이 내 주인 되면 부부싸움이 사라지고 모든 다툼으로부터 자유하게 된다. 예수님이 내 주인 되면 모든 비난과 불평이 사라지고 감사가 넘치게 된다. 예수님이 내 주인 되면 모든 무능이 사라진다. 예수님이 내 주인 되면 우울과 허무가 빠져나가고 생명을 얻게 되며 그 생명이 흘러넘치게 된다. 예수님이 내 주인 되면 예수님의 열정이 생기고 예수님의 능력이 드러나게 된다. 내 안에 내 생각, 내 욕심, 내 자랑을 죽이고 예수님만 드러나게 하라.

당신의 나이가 60이 되어 동네 길을 걸어가면 동네 꼬마들이 따라가면서 "어! 저기 예수님 같은 할아버지가 지나가시네" 하는 말을 든게 살라. 그것은 내 노력이 아니라 예수님이 내게 주인이 될 때 그분의 은혜로 저절로 되는 것이다.

당신이 진정 매일 예수님을 주인으로 모시고 살면 내일에 대한 모든 염려가 다 사라지고 내일에 대한 엄청난 기대가 생길 것이다. 그분이 내 주인으로 사시는 삶이 기대가 되는 것은 너무나 당연한 일이다. 아직도 내일에 대한 염려가 가득하다는 것은 여전히 내가 주인이라는 뜻이다.

예수님이 주인 되고 내가 그분의 종이 되면 모든 염려가 사라진다. 종인 우리가 무엇을 염려한다는 것은 여전히 내가 주인 되어 살고 있다는 증거다. 당신이 정말 예수님의 종이라면 주인이신 예수님에게 순종만 하면 된다. 그러면 주인이신 그분이 당신의 모든 필요를 다 공급해주실 것이다.

예수를 믿는다고 말만 하지 말고 매일 매 순간 그분을 주인으로 모시고 기대가 넘치는 삶을 살라. 예수를 믿을수록 내가 점점 작아지고 예수님이 점점 커져야 한다. 예수를 믿을수록 내 목소리는 점점 작아지고 예수님의 목소리가 점점 더 커지게 하라. 목소리가 큰 사람은 자기의 의가 강하기 때문이다. 우리가 흔히 내세우는 자기 의는 걸레조각과 같이 더럽고 초라한 것이다. 우리에게 의란 예수님 뿐이시다. 내 의를 버리고 겸손히 그분의 의를 드러내라. 부활하여 지금 살아 계신 예수님을 주인으로 모시고 매일 매 순간을 살라. 인생 전체가 기적이며 축복이 될 것이다.

"나는 예수를 주인으로 모시고 사는데 천국에 갈 수 있을까?" 하는 고민이나 의심을 갖지 말라. 예수를 내 인생의 주인으로 모시면 영원한 생명을 소유하게 된다.

> "아들(예수)이 있는 자에게는 생명이 있고 하나님의 아들이 없는 자에게는 생명이 없느니라"(요일 5:12).

만약 당신에게 예수님이 주인으로 들어와 계시지 않는다면 당신에게는 결코 영원히 사는 생명이 없다. 그 사람은 아무리 교회를 오래 다녀도 결코 천국에 갈 수 없다. 당신이 예수를 믿고 천국에 가길 원한다면 생명이신 예수님을 당신의 마음에 주인으로 모셔야 한다. 여기에 '생명'은 80~100년을 살다가 죽는 목숨이 아니고 영원히 사는 생명을 말한다. 그 생명을 얻기 원한다면 예수님을 주인으로 모시라. 교회 오래 다녔다고 말하지 말고 예수님을 주인으로 모시고 살라. 예수님은 지금도 우리의 문을 두드리고 계신다.

> "볼지어다. 내가 문 밖에 서서 두드리노니 누구든지 내 음성을 듣고 문을 열면 내가 그에게로 들어가 그와 더불어 먹고 그는 나와 더불어 먹으리라"(계 3:20).

이 말씀은 불신자들에게 하시는 말씀이 아니다. 라오디게아 교인들에게 하신 말씀이다. 라오디게아 교인들은 차갑지도 뜨겁지도 않다고 책망받은 자들이다. 예수님은 지금도 예수를 믿지만 예수를 주인으로 살지 않는 자들을 책망하신다. 오늘날 교인 중에 예수님을 주인으로 모시고 살지 않는 사람들이 많다. 예수님을 주인으로 모시는 것을 미루지 말라. 인생에 이것보다 중요한 일은 없다. 오늘 예수님을 주인으로 모시고 살면 삶에 혁명이 일어난다.

예수님은 내 안에 사시기 위해 이 땅에 오셨다.
예수님은 내 안에 주인으로 사시기 위해 이 땅에 오셨다.
예수님은 내 안에 주인으로 영원히 사시기 위해 이 땅에 오셨다.

"예수께서 우리를 위하여 죽으사 우리로 하여금 깨어 있든지 자든지 자기와 함께 살게 하려 하셨느니라"(살전 5:10).

예수님을 주인으로 모시는 것은 손해가 아니다. 예수님이 초라한 내 안에 내 주인으로 들어오시는 것은 엄청난 은혜다. 인생은 결코 짐이 아니다. 예수님을 주인으로 모시면 모든 것에 답이 있다.

> "예수를 우리의 주인으로 모셨다면 그 무엇도 절망할 것이 없다."
> _조지 휘트필드

# 예수님은 나의 주인이 되기 위해 죽으셨다

1. 예수님이 십자가에 죽으시고 부활하신 이유는 무엇입니까? (롬 14:9)

2. 로마서 14장 9절을 쓰고 암송해보세요.

3. 초대교회 교인들은 예수님을 구원자로 믿었습니까? 주로 믿었습니까?

   아니면 둘 다로 믿었습니까? (골 2:6-7)

4. 예수님을 따르려면 먼저 무엇을 해야 합니까? (막 8:34-35)

   "자기를 부인하고 자기 십자가를 져야 한다." 여기에서 "자기 십자가를 진다"

   는 말이 무엇입니까?

5. "누구든지 주의 이름을 부르는 자는 구원을 받으리라"(롬 10:13)는 말은 바울 당시 무슨 의미였는지 시대적 배경지식을 가지고 설명해보세요.

6. 예수님을 주인으로 모시면 무슨 일이 일어납니까? (요 10:10, 요일 5:12)

7. 당신 안에는 예수님이 계십니까? 당신의 주인은 정말 예수님이십니까? 당신은 아래 세 그림 중에 어디에 해당하는지 정직하게 나누어보세요. 혹시 두 번째라면 지금 다시 그분을 주인으로 모시고 그렇게 살아갑시다.

8. 로마서 14장 8~9절을 암송해보세요.

"우리가 살아도 주를 위하여 살고 죽어도 주를 위하여 죽나니 그러므로 사나 죽으나 우리가 주의 것이로다. 이를 위하여 그리스도께서 죽었다가 다시 살아나셨으니 곧 죽은 자와 산 자의 주가 되려 하심이라"(롬 14:8-9).

너희를 불러 그(하나님)의 아들 예수 그리스도 우리 주와
더불어 교제하게 하시는 하나님은 미쁘시도다. 고전1:9

# 하나님의 아들인
# 예수님을 주인으로 모시라

내가 고등학교 1학년 때 교회 목사님께서 내게 목사가 될 꿈이 있다는 것을 알고 나를 가끔 불러서 목사 후보생 양육을 해주셨다. 한번은 예수님을 설명해 주시면서 예수님은 완전한 사람이시고 완전한 신이시라고 말씀해주셨다. 이 중에 하나라도 믿지 않으면 이단이라고 가르쳐주셨다. 맞다. 예수님은 완전한 사람이시고 완전한 신이시다.

먼저 예수님은 완전한 사람이 되어야 한다. 만약 예수님이 완전한 사람이 되지 않으면 사람들의 죄를 대신해서 죽어주실 수 없다. 사람이 지은 죄는 반드시 사람이 대신 대가를 지불해야 한다. 그래서 예수님은 완전한 사람이 되셔야 한다.

예수님이 완전한 사람이었다는 것을 이해하는 것은 그리 어렵지 않다. 누구나 인정할 수 있는 일이 가득하다. 예수님은 유대 땅 베들

레헴 말구유에서 어린아이로 태어나서 자랐다. 예수님은 갑자기 성인으로 이 세상에 내려오신 분이 아니다. 예수님은 열두 살 때 아버지 요셉과 어머니 마리아와 함께 예루살렘 성전에 가서 제사를 드렸다. 예수님은 키도 자라고 지혜도 자랐다.

예수님은 나이 서른 살에 요단강에 가서 세례 요한에게 세례를 받았다. 예수님은 인간의 몸을 가지고 계시다. 피곤하여 배에서 곤히 잠이 드셨고, 목이 말라 사마리아의 수가성에서 여인에게 물을 달라고 하셨고, 배고플 때 사탄에게 돌을 떡으로 만들어 먹으라는 시험도 받으셨다. 예수님도 인간의 감성을 그대로 가지고 계셔서 나사로가 죽었다는 말에 우시기도 하셨고, 성전에서 양을 팔고 돈을 바꾸는 자들에게 화내시며 채찍으로 그들을 내쫓으셨고, 예수님의 설교를 듣고 있는 자들이 먹을 것도 없이 계속 설교를 듣고 있는 것을 보시고 오병이어로 그들을 먹이시는 사랑을 가지고 계셨다. 예수님은 어린 시절 육신의 부모인 요셉과 마리아에게 순종하였고 광야에서는 사탄에게 시험도 받았다.

예수님의 설교에는 보통 사람과 다르게 탁월함이 넘쳤다. 그래서 세상 사람들도 예수님을 세계 3대 성인 중의 한 사람이라고 말하고 존경한다. 세상 책에도 예수님은 2천 년 전에 유대 땅에 산 성자로 기록이 되어 있다. 문제는 예수님이 완전한 사람이면서 동시에 완전한 신이라는 것이다. 예수님은 사람이지만 완전하신 하나님의 아들이라는 것이다. 세계 성인들은 아무도 자신을 신이라고 말하지 않았다. 마호메트, 석가, 공자, 마리아, 그들은 아무도 자신이 살아 있는 동안 신이라고 말한 자가 없었다. 오직 예수님만 자신이 하나님의 아들이라고 말씀하였고 자신이 하나님이라고 말하였다. 그렇다면 예수님은 정말 하나님의 아들인가?

## 예수님의 태어나심이
## 하나님의 아들이심을 증명한다

예수님처럼 태어난 자가 없다. 예수님이 태어나시기 700년 전에 이미 이사야 선지자를 통해 예수님이 처녀의 몸에서 태어날 것이 예언이 되어 있었다.

> "그러므로 주께서 친히 징조를 너희에게 주실 것이라. 보라. 처녀가 잉태하여 아들을 낳을 것이요. 그의 이름을 임마누엘이라 하리라"(사 7:14).

예수님은 육체의 아버지 요셉과 마리아 사이에서 태어난 아들이 아니다. 천사가 마리아에게 나타나 마리아가 임신할 아기는 영원한 나라의 왕이라고 예언하였다.

"영원히 야곱의 집을 왕으로 다스리실 것이며 그 나라가 무궁하리라"(눅 1:33).

예수님은 요셉과 마리아의 결혼으로 임신한 것이 아닌 성령으로 잉태되었다.

"마리아가 천사에게 말하되 나는 남자를 알지 못하니 어찌 이 일이 있으리이까. 천사가 대답하여 이르되 성령이 네게 임하시고 지극히 높으신 이의 능력이 너를 덮으시리니 이러므로 나실 바 거룩한 이는 하나님의 아들이라 일컬어지리라"(눅 1:34-35).

마리아는 처녀의 몸으로 남자를 알지 못하는 상태에서 임신을 하게 된다. 예수님은 성령으로 잉태된 하나님의 아들이다.

## 예수님이 하신 말씀이
## 하나님의 아들이심을 증명한다

예수님은 오직 하나님의 아들만 하실 수 있는 말씀을 많이 하셨다.

"나와 아버지는 하나이니라 하신대"(요 10:30).

"나를 알았더라면 내 아버지도 알았으리라"(요 8:19).

"나를 보는 자는 나를 보내신 이를 보는 것이니라"(요 12:45).

"나를 미워하는 자는 또 내 아버지를 미워하느니라"(요 15:23).

예수님은 자신이 평범한 인간이 아니라 하나님과 하나이심을 말씀하였다.

"나와 아버지는 하나이니라 하신대"(요 10:30).

더욱이 예수님은 병든 자의 병을 고치면서 죄까지 사해주셨다. 하루는 예수님께서 설교하시는 곳에 중풍병자를 지붕을 뚫고 내려보냈다. 예수님께서 그 중풍병자에게 이렇게 말씀하셨다.

"예수께서 그들의 믿음을 보시고 중풍병자에게 이르시되 작은 자야 네 죄 사함을 받았느니라 하시니"(막 2:5).

그곳에 있던 서기관들은 예수님의 말씀에 이것은 신성모독이라고 하며 화를 내었다.

"이 사람이 어찌 이렇게 말하는가. 신성 모독이로다. 오직 하나님

한 분 외에는 누가 능히 죄를 사하겠느냐"(막 2:7).

어느 날, 시몬이 예수님을 초대하여 잔치를 벌였다. 그곳에 한 여자가 들어와 예수님의 발에 향유를 붓고 머리털로 예수님의 발을 닦았다. 그러자 예수님은 그 여인에게 죄가 사하여졌다고 말씀하셨다.

"이러므로 내가 네게 말하노니 그의 많은 죄가 사하여졌도다"(눅 7:47).

이런 말에 바리새인들이 발칵하여 당신이 누구이기에 죄를 사하는가 하며 화를 내었다.

"이에 여자에게 이르시되 네 죄 사함을 받았느니라 하시니 함께 앉아 있는 자들이 속으로 말하되 이가 누구이기에 죄도 사하는가 하더라"(눅 7:48-49).

유대인들의 율법에는 죄 사함은 오직 하나님만 하실 수 있는 일이다. 그래서 유대인들은 예수님이 죄 사함을 선포하였을 때 아주 격한 반응을 하였다. 그것은 신성모독이었다. 왜 예수님은 이런 유대인들의 반응이 있을 것을 뻔히 아시면서 이런 말씀을 하셨는가? 예수님 자신이 하나님의 아들이시기에 그렇게 하신 것이다.

예수님께서 체포되어 대제사장에게 심문을 받게 되었다. 대제사장은 예수님에게 "네가 하나님의 아들이냐?"고 물었다. 예수님은 "내가 하나님의 아들이라"고 대답하였다.

"대제사장이 가운데 일어서서 예수에게 물어 이르되 너는 아무 대답도 없느냐 이 사람들이 너를 치는 증거가 어떠하냐 하되 침묵하고 아무 대답도 아니하시거늘 대제사장이 다시 물어 이르되 네가 찬송받을 이의 아들 그리스도냐 예수께서 이르시되 내가 그니라 …그들이 다 예수를 사형에 해당한 자로 정죄하고"(막 14:60-64).

대제사장과 바리새인들은 예수님 자신이 하나님의 아들이라고 말하였기에 신성모독 죄로 사형에 해당한다고 말하였다. 그들은 예수님을 십자가에 매달 때도 신성모독죄를 거론하였다.

"그가 하나님을 신뢰하니 하나님이 원하시면 이제 그를 구원하실지라 그의 말이 나는 하나님의 아들이라 하였도다 하며"(마 27:43).

왜 예수님은 자기 입으로 자신이 하나님의 아들이라고 말하였는가? 예수님이 정말 하나님의 아들이시기에 그렇다. 예수님은 평소에 말씀하실 때도 사람이 할 수 없는 하나님의 아들만 하실 수 있는 말씀을 많이 하셨다.

"예수께서 이르시되 나는 부활이요 생명이니 나를 믿는 자는 죽
어도 살겠고 무릇 살아서 나를 믿는 자는 영원히 죽지 아니하리
니 이것을 네가 믿느냐"(요 11:25-26).

"예수께서 이르시되 내가 곧 길이요 진리요 생명이니 나로 말미
암지 않고는 아버지께로 올 자가 없느니라"(요 14:6).

"예수께서 이르시되 빌립아 내가 이렇게 오래 너희와 함께 있으
되 네가 나를 알지 못하느냐. 나를 본 자는 아버지를 보았거늘
어찌하여 아버지를 보이라 하느냐"(요 14:9).

"수고하고 무거운 짐 진 자들아 다 내게로 오라. 내가 너희를 쉬
게 하리라"(마 11:28).

"예수께서 들으시고 그들에게 이르시되 건강한 자에게는 의사가
쓸 데 없고 병든 자에게라야 쓸 데 있느니라. 나는 의인을 부르
러 온 것이 아니요 죄인을 부르러 왔노라 하시니라"(막 2:17).

"너희는 마음에 근심하지 말라. 하나님을 믿으니 또 나를 믿으라"
(요 14:1).

"평안을 너희에게 끼치노니 곧 나의 평안을 너희에게 주노라. 내
가 너희에게 주는 것은 세상이 주는 것과 같지 아니하니라. 너희
는 마음에 근심하지도 말고 두려워하지도 말라"(요 14:27).

"너희가 내 안에 거하고 내 말이 너희 안에 거하면 무엇이든지 원

하는 대로 구하라. 그리하면 이루리라"(요 15:7).

"지금까지는 너희가 내 이름으로 아무것도 구하지 아니하였으나 구하라. 그리하면 받으리니 너희 기쁨이 충만하리라"(요 16:24).

누가 이런 말을 하겠는가? 이런 말을 하는 사람은 세 가지 가능성이 있다. 거짓말쟁이이거나 미쳤거나 정말 하나님의 아들일 것이다.

첫째, 예수님이 거짓말쟁이나 사기꾼일 가능성이다. 만약 예수님이 하나님의 아들도 아닌데 그런 말을 하였다면 정말 사악한 사기꾼이다. 그는 고의적으로 자기를 따르는 자들을 속이고 기만한 것이 된다. 만약 예수님이 거짓말쟁이라면 어찌 12명으로 시작된 예수님을 따르는 자들이 점점 많아져 지금 20억 명이나 되겠는가? 거짓말은 100년도 되지 않아 다 탄로 난다.

예수님이 거짓말쟁이라면 어찌 산상수훈 같은 완벽한 도덕률이 가득한 놀라운 메시지를 전할 수 있는가? 만약 예수님이 거짓말쟁이라면 정말 바보다. 자신이 하나님의 아들이라는 엄청난 거짓말을 하다가 십자가에 죽은 바보다. 우리는 예수님의 산상수훈을 들으면서 예수님이야말로 가장 도덕적인 사람이라고 말한다. 그의 가르침이 거짓이라면 어찌 그를 도덕적인 분이라고 말할 수 있겠는가?

어떤 나라든지, 어떤 장소든지 예수님의 가르침이 들어가면 무너져 가는 민족이 흥하게 되고 도둑들이 정직해지며 알코올 중독자들이 치유된다. 또한 분노에 찬 사람들이 사랑의 전달자로 변하게 되고 불의한 자들이 의롭게 된다. 가장 분명한 예가 우리 대한민국이다. 우리 대한민국이 5천 년 역사를 자랑하지만 늘 가난하고 남녀차별이 심하고 미신이 많은 나라로 살았다. 그런데 불과 100여 년 전에 복음이 들어오자 가난이 물러가고 미신이 물러가고 남녀평등이 생겼다. 지금 대한민국이 세계 강국에 들어선 것은 그 무엇보다도 복음 때문이다. 예수님의 말씀은 거짓이 아니라 가정을 살리고 국가를 살리고 민족을 살린다.

예수님은 평소에 자신이 십자가에 죽고 삼일 만에 부활할 것을 말씀하셨다.

"요나가 밤낮 사흘 동안 큰 물고기 뱃속에 있었던 것같이 인자도 밤낮 사흘 동안 땅 속에 있으리라"(마 12:40).

"이때로부터 예수 그리스도께서 자기가 예루살렘에 올라가 장로들과 대제사장들과 서기관들에게 많은 고난을 받고 죽임을 당하고 제삼일에 살아나야 할 것을 제자들에게 비로소 나타내시니"(마 16:21).

"그들이 산에서 내려올 때에 예수께서 명하여 이르시되 인자가 죽은 자 가운데서 살아나기 전에는 본 것을 아무에게도 이르지 말라 하시니"(마 17:9).

"갈릴리에 모일 때에 예수께서 제자들에게 이르시되 인자가 장차 사람들의 손에 넘겨져 죽임을 당하고 제삼일에 살아나리라 하시니 제자들이 매우 근심하더라"(마 17:22-23).

"보라. 우리가 예루살렘으로 올라가노니 인자가 대제사장들과 서 기관들에게 넘겨지매 그들이 죽이기로 결의하고 이방인들에게 넘겨주어 그를 조롱하며 채찍질하며 십자가에 못 박게 할 것이 나 제삼일에 살아나리라"(마 20:18-19).

만약 예수님이 거짓말쟁이라면 예수님은 부활하지 말았어야 했 다. 그런데 정말 예수님은 자신의 말대로 삼일 만에 부활하셨다. 그 분은 결코 거짓말쟁이가 아니다. 예수님은 자신이 말한 대로 살았고 말한 대로 죽었으며 말한 대로 부활하셨다.

그가 거짓말쟁이가 아니라면 두 번째 가능성은 미치광이다. 미 치광이는 얼마든지 자신을 하나님의 아들이라고 말할 수 있다. 우리 주위에 혹시 어떤 사람이 나는 나폴레옹이라고 말하고 다닌다면 우 리는 다 미친 사람으로 취급할 것이다. 마찬가지로 예수님이 자신을 하나님의 아들이라고 말하니 미친 자일 수 있다.

예수님이 정신병자라면 어찌 미친 사람에게 12명의 젊은 사람이 자기 직업을 다 접고 따라다녔겠는가? 예수님이 정신병자라면 어찌 그가 깊은 곳에 그물을 던지라고 했을 때 엄청난 고기를 잡을 수 있 겠는가? 예수님이 정신병자라면 어찌 십자가 위에서 어머니 마리아 를 요한에게 부탁할 수 있겠는가? 예수님이 정신병자라면 어찌 많 은 사람의 병을 고치는가? 예수님이 정신병자라면 어찌 귀신 들린

자들의 귀신을 쫓아내는가?

그러면 예수님은 누구인가? 거짓말쟁이도 아니고 정신병자도 아니라면 이제 세 번째로 예수님은 예수님이 주장하신 것처럼 정말 하나님의 아들이신 것이다. 참고로 예수님의 말투도 하나님의 아들이심을 증명한다. 요한복음에서는 예수님이 하시는 말의 독특함을 드러내고 있다. 요한복음 전체에서 예수님은 자신을 표현할 때 "나는 …이다"(I am…)라는 선언이 반복된다.

"나는 세상의 빛이다"(요 8:12). "나는 생명의 떡이다"(요 6:35). "나는 양의 문이다"(요 10:7). "나는 선한 목자다"(요 10:11). "나는 부활이요 생명이다"(요 11:25). "나는 길이요 진리요 생명이다"(요 14:6). "나는 참포도나무다"(요 15:1).

"나는 …이다"라는 선언은 하나님께서 모세에게 하나님이 누구신지를 계시할 때 사용한 형식이다.

"나는 스스로 있는 자이니라"(출 3:14)(I am who I am).

유대인들은 열두 살이 되면 모세오경을 다 암송하기에 "나는 …이다"라는 표현은 하나님만 쓰시는 신적 표현이라는 것을 너무나 잘 알고 있다. 그런데 예수님은 이런 표현을 거침없이 사용하셨다.

왜냐하면 자신이 하나님의 아들이시기에 그런 표현을 사용하신 것이다.

## 예수님의 죽으심이
## 하나님의 아들임을 증명한다

예수님처럼 태어난 자가 없고 예수님처럼 말한 자가 없고 예수님처럼 죽은 자가 없다.

예수님에 대한 예언은 300개가 넘는데 그중에서도 29개가 돌아가시는 하루 만에 이루어졌다. 그날 이루어진 예언을 살펴보자. 예수님은 창에 찔렸고 채찍에 맞았고 상처를 입었다.

"그가 찔림은 우리의 허물 때문이요 그가 상함은 우리의 죄악 때문이라. 그가 징계를 받으므로 우리는 평화를 누리고 그가 채찍에 맞으므로 우리는 나음을 받았도다"(사 53:5).

예수님은 십자가 위에서 사람들의 조롱과 욕설을 받았다.

"나는 벌레요 사람이 아니라. 사람의 비방 거리요 백성의 조롱 거리니이다"(시 22:6).

예수님이 십자가에 달렸을 때 병사들이 예수님의 옷을 놓고 제비를 뽑았다.

"내 겉옷을 나누며 속옷을 제비 뽑나이다"(시 22:18).

예수님은 십자가 위에서 "아버지 어찌하여 나를 버리셨나이까" 하고 부르짖었다.

"내 하나님이여 내 하나님이여 어찌 나를 버리셨나이까. 어찌 나를 멀리 하여 돕지 아니하시오며 내 신음 소리를 듣지 아니하시나이까"(시 22:1).

로마 병사들은 예수님이 십자가 위에 매달렸을 때 쓸개 탄 즙을 먹게 하였다.

"그들이 쓸개를 나의 음식물로 주며 목마를 때에는 초를 마시게 하였사오니"(시 69:21).

예수님은 범죄자들과 함께 죽으셨다.

"그러므로 내가 그에게 존귀한 자와 함께 몫을 받게 하며 강한 자와 함께 탈취한 것을 나누게 하리니 이는 그가 자기 영혼을 버려 사망에 이르게 하며 범죄자 중 하나로 헤아림을 받았음이니라. 그러나 그가 많은 사람의 죄를 담당하며 범죄자를 위하여 기도 하였느니라"(사 53:12).

**예수님은 죽은 뒤 아리마대 요셉이라는 부자의 무덤에 묻혔다.**

"그는 강포를 행하지 아니하였고 그의 입에 거짓이 없었으나 그의 무덤이 악인들과 함께 있었으며 그가 죽은 후에 부자와 함께 있었도다"(사 53:9).

1,000년이나 700년 전에 예언한 대로 죽을 수 있는 사람은 아무도 없다. 시편은 예수님이 태어나기 1,000년 전에 기록한 책이고, 이사야서는 예수님이 태어나기 700년 전에 쓴 책이다. 예수님은 성경의 예언대로 죽으신 하나님의 아들이시다. 예수님의 죽음을 직접 주도하고 십자가 가장 가까이에서 예수님의 죽음을 자신의 눈으로 본 로마의 백부장은 예수님이 참으로 하나님의 아들이라고 고백하였다.

"예수를 향하여 섰던 백부장이 그렇게 숨지심을 보고 이르되 이 사람은 진실로 하나님의 아들이었도다 하더라"(막 15:39).

예수님은 인간 예수로 죽은 것이 아니다. 하나님의 아들로 죽었다. 하나님은 예수님을 하나님의 아들, 즉 이 땅의 주인으로 보내셨다. 예수님은 하나님이 보내신 이 땅의 주인이시다. 예수님은 이 세상 모든 사람의 주인이시다. 예수님은 하늘과 땅의 모든 권세로 이 땅을 다스리시는 주인이시다.

"예수께서 나아와 말씀하여 이르시되 하늘과 땅의 모든 권세를 내게 주셨으니"(마 28:18).

예수님이 자신을 하나님의 아들이라고 한 말은 예수님이 온 우주의 주인이라는 말이며 모든 사람의 주인이라는 말이다(사도 바울은 예수님이 하나님의 아들이라는 말은 곧 예수님이 주인이라는 말이라고 설명하였다. "성결의 영으로는 죽은 자들 가운데서 부활하사 능력으로 하나님의 아들로 선포되셨으니 곧 우리 주(인) 예수 그리스도시니라"(롬 1:4)).

만약 이론으로만 예수님을 하나님의 아들로 안다면 아무런 의미가 없다. 그것은 그냥 지식적인 동의일 뿐이다.

우리는 ( 하나님의 아들 ) = ( 나의 주인 )이라는 등식을 기억해야 한다.

# 요한복음은 예수님이
## 하나님의 아들이심을 기록한다

요한복음은 사도 요한이 4복음서 중에 마태복음, 마가복음, 누가복음이 쓰인 이후 약 20년 정도 지난 후 다시 기록한 복음서이다. 그가 요한복음을 기록한 이유는 다른 복음서와는 달리 예수님이 하나님의 아들이심과 그리스도(메시아, 구세주)임을 전하기 위함이다. 요한은 자신이 요한복음을 기록한 이유를 분명히 말하고 있다.

"오직 이것을 기록함은 너희로 예수께서 하나님의 아들 그리스도 이심을 믿게 하려 함이요 또 너희로 믿고 그 이름을 힘입어 생명을 얻게 하려 함이니라"(요 20:31).

여기에 '생명'은 영원히 사는 영생, 즉 천국을 말한다. 천국에 가기 위해서 예수를 하나님의 아들로 믿고, 또 예수를 그리스도로 믿어야 한다고 말한다. 특별히 요한은 요한복음에서 예수가 하나님의 아들임을 강조한다. 예수님이 하나님의 아들이 아니라면 그리스도(구세주)도 될 수 없기 때문이다.

요한복음은 예수님이 행하신 기적 전부를 기록하지 않고 딱 7가지만 기록한다. 요한은 물이 변하여 포도주가 된 것, 신하의 죽어가는 아들이 살아난 것, 베데스다 연못에서 38년 된 중병 환자가 일어나 걸어가는 것, 오병이어로 오천 명을 먹인 것은 단순한 기적이 아니라 표적이라고 말한다. 표적과 기적은 다르다. 기적은 그냥 초자연적인 일이 일어난 것이고, 표적은 그 기적을 일으키신 분이 하나님의 아들이라는 것의 사인이다.

차를 타고 갈 때 신호등의 빨간불은 서라는 표시다. 마찬가지로 기적을 보고 "어! 기적이 일어났구나" 하면 안 되고 "아! 이런 기적을 일으키신 것을 보니 이분이 하나님의 아들이시구나" 하고 깨달아야 한다.

우리는 "예수님은 하나님의 아들이다" 하고 지나가면 안 되고 "예수님은 내 주인이시다"라고 말해야 한다. 요한복음은 그 하나님의 아들을 주인으로 모셔야 영생이 있다고 말하는 책이다. 요한은 요한복음을 시작하는 1장에서 믿는 것이 무엇인지 설명하고 있다.

"영접하는 자 곧 그 이름을 믿는 자들에게는 하나님의 자녀가 되는 권세를 주셨으니"(요 1:12).

예수 믿는 것은 예수님을 영접하는 것임을 전제하고 있다. 이제 요한복음을 살펴보고자 한다. 요한복음은 철저히 예수님이 하나님의 아들이심과 그리스도(구세주)이심을 드러내는 책이다. 요한복음은 모두 21장이다. 1~12장까지는 7가지 기적을 기록하면서 예수님이 하나님의 아들이심을 말씀하고, 13장의 최후의 만찬을 시작으로 하여 21장까지는 예수님의 공생애 마지막 1주일을 기록하며 예수님이 하나님의 아들이심과 구세주이심을 말씀하신다.

요한복음 1장에서는 예수님은 하나님의 아들이심을 세례 요한이 증언한다.

"내가 보고 그가 하나님의 아들이심을 증언하였노라 하니라"(요 1:34).

또 예수님의 첫 제자인 나다나엘도 예수님이 하나님의 아들이심을 고백한다.

"나다나엘이 대답하되 랍비여 당신은 하나님의 아들이시요 당신은 이스라엘의 임금이로소이다"(요 1:49).

요한복음 2장에서는 물이 변하여 포도주가 되는 사건을 표적이라고 하며 예수님이 하나님의 아들이심을 말한다.

"예수께서 이 첫 표적을 갈릴리 가나에서 행하여 그의 영광을 나타내시매 제자들이 그를 믿으니라"(요 2:11).

요한복음 3장에서는 니고데모와의 만남 후 하나님의 아들을 믿는 자가 영생을 얻고 구원받는다고 말씀하신다.

"하나님이 세상을 이처럼 사랑하사 독생자를 주셨으니 이는 그를 믿는 자마다 멸망하지 않고 영생을 얻게 하려 하심이라. 하나님이 그 아들을 세상에 보내신 것은 세상을 심판하려 하심이 아니요 그로 말미암아 세상이 구원을 받게 하려 하심이라"(요 3:16-17).

많은 사람이 요한복음 3장 16절에 기록된 독생자가 하나님의 아들이라는 것을 강조하지 않는다. 여기에 독생자는 하나님의 아들을 말한다. 3장 17절에서는 그 독생자가 아들이심을 분명하게 말씀하시고 그 아들을 믿는 자에게 구원이 있다고 말씀하신다. 구원에 대해서 요한복음 3장 16절보다 더 중요한 구절은 요한복음 3장 36절이다.

"아들을 믿는 자에게는 영생이 있고 아들에게 순종하지 아니하는 자는 영생을 보지 못하고 도리어 하나님의 진노가 그 위에 머물러 있느니라"(요 3:36).

이 구절에서는 "아들에게 순종하지 않는 자는 영생이 없다"고 말한다. 아들에게 순종하지 않는 자에겐 영생이 없다는 것은 하나님의 아들이신 예수님을 주인으로 모시고 그분의 다스림을 받고 살아야 함을 말한다. 예수 믿는 자는 구원을 얻는다는 요한복음 3장의 말씀은 예수님이 하나님의 아들이심을 믿어야 한다는 것이다. 요한복음 3장에서는 아직 예수님이 십자가를 지시고 구세주가 되지 않았다.

요한복음 4장에는 왕의 신하의 아들이 치유는 되는 것이 표적이며 예수님이 하나님의 아들이심을 나타내는 사인이라고 말씀하신다.

"이것은 예수께서 유대에서 갈릴리로 오신 후에 행하신 두 번째 표적이니라"(요 4:54).

요한복음 5장에서 예수님이 38년 된 환자를 고치신 날은 안식일이었다. 예수님은 일부러 안식일에 고치신 것이다. 왜냐하면 예수님 자신이 진짜 안식일의 주인이고 하나님의 아들임을 드러내시기 위함이다. 예수님은 38년 된 환자를 고치고 폭탄선언을 하신다.

"예수께서 그들에게 이르시되 내 아버지께서 이제까지 일하시니 나도 일한다 하시매"(요 5:17).

아담 이후 하나님을 내 아버지라고 말씀하신 분은 예수님 외에 아무도 없다. 하나님을 아버지라고 부르는 것은 유대인에게는 신성모독이고 십계명의 3계명, 하나님의 이름을 망령되이 부르지 말라는 계명을 어기는 것이다. 그런데 예수님은 주저하지 않고 하나님이 내 아버지라고 말씀하신다. 5장에서는 38년 된 환자를 고치시고 자신이 하나님의 아들이심을 계속 말씀하신다.

"그러므로 예수께서 그들에게 이르시되 내가 진실로 진실로 너희에게 이르노니 아들이 아버지께서 하시는 일을 보지 않고는 아무것도 스스로 할 수 없나니 아버지께서 행하시는 그것을 아들도 그와 같이 행하느니라"(요 5:19).

"아버지께서 아들을 사랑하사 자기가 행하시는 것을 다 아들에게 보이시고 또 그보다 더 큰 일을 보이사 너희로 놀랍게 여기게 하시리라"(요 5:20).

"이는 모든 사람으로 아버지를 공경하는 것같이 아들을 공경하게 하려 하심이라. 아들을 공경하지 아니하는 자는 그를 보내신 아버지도 공경하지 아니하느니라"(요 5:23).

"내가 진실로 진실로 너희에게 이르노니 내 말을 듣고 또 나 보내신 이를 믿는 자는 영생을 얻었고 심판에 이르지 아니하나니 사망에서 생명으로 옮겼느니라"(요 5:24).

요한복음 5장에서는 하나님을 아버지라고 15번 말씀하시고, 자신이 하나님의 아들이라고 10번 말씀하셨다. 하나님의 아들이신 예수님의 말을 듣는 자가 영생을 얻는다고 말한다. 예수님이 하나님의 아들이라는 말은 예수님이 주인이라는 말임을 기억해야 한다. 38년 된 환자를 고치신 기적은 1~8절까지 뿐이다. 그 사건 이후 예수님이 하나님의 아들이심은 9~54절까지 말씀하신다. 중요한 것은 38년 된 환자를 고치신 기적이 아니라 예수님이 하나님의 아들이라는 것이다.

요한복음 6장은 우리가 잘 아는 오병이어로 오천 명을 먹이신 기적이다. 요한은 이것을 표적이라고 말한다.

"그 사람들이 예수께서 행하신 이 표적을 보고 말하되 이는 참으로 세상에 오실 그 선지자라 하더라"(요 6:14).

'표적'이라는 말은 이 기적을 행하신 분이 하나님의 아들임을 표시한다는 것이다. 예수님은 오병이어 기적 이후 하나님의 아들을 믿는 자는 영생을 얻는다고 말씀하신다.

"내 아버지의 뜻은 아들을 보고 믿는 자마다 영생을 얻는 이것이니 마지막 날에 내가 이를 다시 살리리라 하시니라"(요 6:40).

여기에도 예수님을 믿는 자마다 영생을 얻는다고 기록하는데 예수님의 무엇을 믿어야 하는가? 6장은 아직 예수님이 십자가에 죽으신 구세주가 아니다. 즉 예수님이 하나님의 아들이심을 믿어야 한다는 것이다. 오병이어 기적 이후 예수님은 하나님이 내 아버지라고 9번 말씀하시고 자신이 하나님의 아들이심을 말씀하신다.

요한복음 8장에서 예수님은 간음한 여인을 용서하시고 하나님을 '내 아버지' 라고 5번 말씀하신다.

"나는 내 아버지에게서 본 것을 말하고 너희는 너희 아비에게서 들은 것을 행하느니라"(요 8:38).

요한복음 10장에서 예수님은 하나님을 아버지라 하시며 자신과 하나님이 하나라고 말씀하신다.

"나와 아버지는 하나이니라 하신대"(요 10:30).

이런 말씀은 유대인들에게 충격이며 경악할 만한 말씀이다. 요한복음 11장에서는 죽은 나사로를 살리기 직전에 노골적으로 자신이 하나님의 아들이라고 말씀하신다.

"예수께서 들으시고 이르시되 이 병은 죽을 병이 아니라 하나님의 영광을 위함이요 하나님의 아들이 이로 말미암아 영광을 받게 하려 함이라 하시더라"(요 11:4).

예수님은 죽은 나사로를 살리셨고, 요한은 이것을 표적이라고
말한다.

"이에 대제사장들과 바리새인들이 공회를 모으고 이르되 이 사람
이 많은 표적을 행하니 우리가 어떻게 하겠느냐"(요 11:47).

요한복음 12장에서 예수님은 하나님을 '내 아버지'라고 말씀하
신다.

"사람이 나를 섬기면 내 아버지께서 그를 귀히 여기시리라"
(요 12:26).
"나는 그의 명령이 영생인 줄 아노라. 그러므로 내가 이르는 것은
내 아버지께서 내게 말씀하신 그대로니라 하시니라"(요 12:50).

요한복음 15장에도 하나님을 '내 아버지'라고 하시며 자신이 하
나님의 아들이심을 말씀하신다.

"나는 참포도나무요 내 아버지는 농부라"(요 15:1).

그리고 요한복음 17장에서도 예수님이 하나님의 아들이심을 말
씀하신다.

"예수께서 이 말씀을 하시고 눈을 들어 하늘을 우러러 이르시되 아버지여 때가 이르렀사오니 아들을 영화롭게 하사 아들로 아버지를 영화롭게 하게 하옵소서"(요 17:1).

요한복음 17장 2절에서는 하나님의 아들인 예수님이 만유의 주인이심을 말씀하신다.

"아버지께서 아들에게 주신 모든 사람에게 영생을 주게 하시려고 만민을 다스리는 권세를 아들에게 주셨음이로소이다."

하나님의 아들이라는 말은 만민을 다스리는 주인이며 우리의 주인이라는 말씀이다. 요한복음은 철저히 예수님이 하나님의 아들이심을 말하고 있다. 이것을 놓치면 요한복음의 핵심을 모르는 것이다. 요한은 왜 이렇게 예수님이 하나님의 아들이심을 말씀하고 있는가? 예수님을 하나님의 아들로 믿어야, 즉 예수가 내 주인이 되어야 영생이 있기 때문이다.

초대교회는 교인들의 무덤 앞에 언제나 물고기를 그려 놓았다. "예수 그리스도는 하나님의 아들이다. 그리고 구세주다"라는 말의 앞 자를 모으면 물고기(익투스)라는 단어가 된다. 즉 초대교회 교인들은 예수님을 하나님의 아들로, 자기 주인으로 모셨다는 것을 신앙고백으로 삼았던 것이다.

초대교회 교인들은 예수님을 구세주일 뿐만 아니라 주인으로 모셨다. 그들의 신앙고백과 현대교회 교인들의 신앙고백이 같아야 한다. 그런데 현대교회 교인들은 단지 예수님을 구세주로만 믿는 자들이 많다. 이것은 정말 신앙의 변질이다. 하나님은 하나님의 아들 예수님을 우리가 주인으로 모시길 원하신다. 하나님은 지금 우리가 예수님을 주인으로 모시고 그분과 교제하며 살길 원하신다.

"너희를 불러 그의 아들 예수 그리스도 우리 주와 더불어 교제하게 하시는 하나님은 미쁘시도다"(고전 1:9).

예수님이 우리 주인으로 계시지 않는다면 우리는 하나님과 화평을 누릴 수 없다.

"그러므로 우리가 믿음으로 의롭다 하심을 받았으니 우리 주(인) 예수 그리스도로 말미암아 하나님과 화평을 누리자"(롬 5:1).

성경은 예수를 주로 받으라고 말씀하신다.

"그러므로 너희가 그리스도 예수를 주로 받았으니 그 안에서 행하되 그 안에 뿌리를 박으며 세움을 받아 교훈을 받은 대로 믿음에 굳게 서서 감사함을 넘치게 하라"(골 2:6-7).

날마다 지금 살아 계신 하나님의 아들 예수님을 주인으로 모시고 살고, 그 주인과 모든 일에 교제하며 사는 것이 하나님이 원하시는 뜻이다. 바울은 만약 당신이 예수 믿는다고 말하면서 당신 안에 예수님이 주인으로 계시지 않는다면 당신의 믿음은 가짜이고 당신은 예수님으로부터 버림받은 자라고 말한다.

> "너희는 믿음 안에 있는가. 너희 자신을 시험하고 너희 자신을 확증하라. 예수 그리스도께서 너희 안에 계신 줄을 너희가 스스로 알지 못하느냐. 그렇지 않으면 너희는 버림받은 자니라"(고후 13:5).

영국 엘리자베스 여왕의 아들 찰스는 자신이 황태자라는 이유로 기세등등한 모습으로 살고 있다. 그가 그린 그림은 황태자라는 이름 때문에 어마어마한 가격에 팔리고 있다. 지금까지 그림으로 번 돈만 100억이 넘는다고 한다. 내가 그림을 그려서 팔면 누가 거액의 돈을 주고 사겠는가? 황태자가 그린 그림은 그 그림의 좋고 나쁨은 별로 중요하지 않다. 황태자라는 이름이 적혀 있는 그림이기에 가치가 있는 것이다.

그는 아침에 일어나면 무엇을 먹을까 무엇을 마실까 걱정하지 않는다. 그는 황태자라는 신분 때문에 아무 부족함 없는 삶을 살고 있다. 그러나 영국 여왕의 아들 정도는 아무것도 아니다. 우리는 하나님의 아들 예수가 내 안에 들어와 내 대신 삶을 살고 있다. 부활하여 지금 살아 계신 예수님을 주인으로 모시고 산다는 것은 하나님의 아들이 누리는 모든 특권을 누린다는 것이다.

> "너희가 아들이므로 하나님이 그 아들의 영을 우리 마음 가운데 보내사 아빠 아버지라 부르게 하셨느니라. 그러므로 네가 이후로는 종이 아니요 아들이니 아들이면 하나님으로 말미암아 유업을 받을 자니라"(갈 4:6-7).

아들에게 제일 중요한 것은 아버지의 모든 것을 물려받는 상속자의 특권이다. 우리가 하나님의 아들이 된다면 하나님의 무한한 자원이 모두 나의 것이 된다. 하나님의 아들이 내 주인이 되면 모든 가난, 모든 질병, 모든 연약함, 모든 수치가 다 사라지고 하나님의 풍성함과 부유함이 넘치게 된다. 하나님의 아들이 내 주인이 되면 하늘의 지혜가 부어지고 염려, 근심, 걱정, 두려움이 사라지게 된다.

당신은 몇십 년 전에 예수님을 구세주로 한 번 영접만 하고 내가 주인 된 삶을 오래 살았는가? 결혼할 때 결혼서약을 한다. 그 결혼서약서가 내 결혼생활을 보장해주지 않는다. 만약 그 결혼서약서만 믿고 부부의 책임을 다하지 않는다면 결혼생활은 곧 깨지게 될 것이다. 먼지 나는 결혼서약서를 버리고 날마다 서로 살아 있는 교제를 하며 흥분된 부부로 살아야 한다. 오래 전에 예수님을 영접했다는 것으로 만족하지 말고 매일 예수님을 주인으로 모시고 사는 흥분과 기대가 넘치는 신앙생활을 해야 한다.

하나님은 우리가 예수님과 함께 날마다 친밀한 교제를 누리며 살길 원하신다. 예수를 믿는다고 하지만 여전히 내가 주인이 된 삶을 사는 자는 진짜 그리스도인이 아니다. 이제 하나님과 분리되어 내가 주인 되었던 삶을 버리고 하나님의 아들 예수님을 주인으로 모시고 그분과 함께 풍성한 삶을 누리라. 그분에게는 생명이 있고 기쁨이 있고 사랑이 있다. 당신이 예수를 믿는다고 하지만 당신 삶에 생명이 없고 기쁨이 없는 것은 여전히 당신이 주인 된 삶을 살기 때문이다.

날마다 그분을 주인으로 모시고 살라. 예수님은 온 우주를 만드신 분이시다. 온 우주를 만드신 그분을 주인 삼고 그분이 인도하시는 인생길을 즐기라. 온 우주가 아무리 크다고 하여도 예수님의 손바닥 안에 있다. 예수님이 우리의 미래를 다 아신다. 예수님이 우리의 미래를 최고의 길로 인도하실 것이다. 그분을 주인으로 모시고 그냥 즐겁게 인생길을 가라. 그분이 주인이 되면 인생의 모든 짐을 벗어 버리게 된다.

"수고하고 무거운 짐 진 자들아 다 내게로 오라. 내가 너희를 쉬게 하리라"(마 11:28).

내가 주인이 되면 날마다 스트레스 속에 살게 된다. 내가 내 인생의 주인이 되어 사는 모든 스트레스를 내려놓고 예수님을 주인으로 모시고 스트레스로부터 자유한 인생을 살라.

한 미술품 경매장에서 어떤 수장자의 미술품이 경매에 부쳐졌다. 그 수장품은 수적으로나 양적으로나 대단한 물품이었다. 또한 그 미술품은 역대 거장의 미술가가 그린 그림으로 그것을 사려고 모인 사람이 엄청나게 많았다. 그 미술품의 주인인 영국의 개럿 피츠제럴드는 경제인으로, 정치가였으며 부호였다. 통일 아일랜드 수상을 역임한 그는 병으로 죽고 말았다. 하지만 그는 죽기 전 유언을 남기며 그의 소장품을 경매에 부칠 것을 당부하였다.

처음 경매 물품은 예상외로 '내 사랑하는 아들'이라는 그림으로 어느 무명 미술가가 그린 피츠제럴드 아들의 초상화였다. 그는 가족들의 잇단 죽음으로 인해 여생을 늘 쓸쓸하게 보냈다. 그는 아들이 10세 때 사랑하는 부인을 잃고 말았다. 외아들을 잘 키우려고 지극히 노력하였지만 아들도 20세가 되기 전에 병으로 죽고 말았다. 그는 슬픈 마음을 달래려고 미술품 수집에 집착하였다.

처음 나온 그의 아들 초상화에 아무도 응찰하지 않았다. 그때 이를 한참이나 지켜보던 어떤 노인이 응찰을 했다. 그는 그가 가진 모든 것을 주고 그 그림을 샀다. 그 노인은 바로 피츠제럴드의 아들이 어릴 때부터 마치 자기 아들처럼 돌보던 그 집의 집사였다. 그 노인이 피츠제럴드 아들의 초상화를 가지는 순간 변호사가 이 미술품에 대한 경매를 중지시켰다. 그리고 피츠제럴드의 유언장을 낭독하였다.

"누구든 내 아들 그림을 사는 사람이 내 모든 소장품을 갖도록 해주시오. 이 그림을 선택하는 사람은 내가 가장 소중히 여기는 것이 무엇인지 아는 사람임에 틀림없으므로 모든 것을 가질 충분한 자격이 있을 것입니다."

우리는 예수님이 하나님의 아들이라는 것을 안다. 그러나 아는 것으로만 그친다면 당신과 아무런 상관이 없다. 그 하나님의 아들 예수님을 당신의 주인으로 모셔야 한다. 그래야 하나님의 모든 것이 당신 것이 된다. 하나님은 하나님의 아들 예수님을 주인으로 모시는 자에겐 모든 것을 다 덤으로 부어주신다. 세상 사람들은 예수님이 하나님의 아들이심을 모른다. 예수 안에 생명이 있고 예수 안에 사랑이 있고 예수 안에 행복이 있고 예수 안에 풍성함이 있다.

"내가 온 것은 양으로 생명을 얻게 하고 더 풍성히 얻게 하려는 것이라"(요 10:10).

당신이 예수님을 당신의 주인으로 모시면 하나님께서 베푸시는 세상의 모든 것을 가지게 될 것이다. 당신이 아무리 교회를 오래 다녔다고 하여도, 당신이 아무리 기도를 많이 한다고 하여도 예수님을 당신의 주인으로 모시고 살지 않는 한 하나님과 당신은 아무런 관계가 없다.

어느 선교단체에 가서 선교 후보생들에게 잠시 말씀을 전하는 시간이 있었다. 이제 곧 선교지로 떠나는 그들에게 마지막으로 이런 말을 하였다.

"여러분이 선교지에 가면 무엇을 할까? 어떻게 할까? 자녀 양육은 어떻게 할까? 재정 후원은 어떻게 할까? 등등 수많은 문제가 산더미처럼 쌓여 있을 것입니다. 그 문제들을 여러분이 해결하려고 하지 말고 예수님을 주인으로 모시고 예수님을 여러분 앞에 세우십시오. 그리고 그냥 그분을 따라가십시오. 그러면 선교가 굉장히 쉽고 행복할 것입니다."

내가 이 말을 마치자 박수가 터져 나왔다. 내가 내 인생을 살려면 두렵고 염려만 가득할 것이다. 그러나 예수님을 주인으로 모시고 살면 쉽고 즐거울 것이다. 인생은 결코 짐이 아니다. 예수님을 주인으로 모시기만 하면 모든 것에 답이 있다.

> "예수님은 이 땅에 왕으로 오셨다. 그러나 한 번도 왕이 되신 적이 없으시다. 예수님은 우리의 왕이 되길 원하신다. 예수님은 나의 왕이시다."

# 하나님의 아들인 예수님을 주인으로 모시라

1. 가브리엘 천사가 마리아에게 나타나 마리아가 잉태할 것을 알릴 때 예수님을 어떤 자로 소개하였습니까? (눅 1:31-35)

2. 예수님이 동정녀 마리아의 몸에서 태어날 것을 예언한 사람은 누구입니까? (사 7:14)

3. 하나님의 아들에게는 무슨 권세가 있습니까? (마 28:18)

4. 요한복음을 기록한 목적은 무엇입니까? (요 20:31)

5. 하나님의 아들이라는 말을 오늘날 나에게 어떻게 적용해야 합니까?

6. 당신은 예수님이 지금 살아 계신 하나님의 아들로 믿습니까? 그리고 그분을 주인으로 모시고 살고 있습니까? 그분이 주인이 되지 못하는 이유는 무엇입니까? 당신 삶에 예수님이 주인 되지 못하는 부분이 어디인가요? (돈, 부부 사이, 자녀, 미래…)

7. 당신 인생의 짐이 무거운가요? 아니면 생명이 넘치나요? 정직하게 나누어보세요.
   그리고 당신의 인생을 풍성하게 만드는 비결은 무엇입니까? (요 10:10)

8. 고린도전서 1장 9절을 암송해보세요.
   "너희를 불러 그의 아들 예수 그리스도 우리 주와 더불어 교제하게 하시는 하나님은 미쁘시도다"(고전 1:9).

# 예수가 내 주인이 되면
# 내 삶은 축제이다

인생은 주인을 누구로 삼느냐에 따라 완전히 다른 삶을 산다. 돈이 주인인 사람은 돈을 따라 움직이게 되고, 성공이 주인인 사람은 성공을 따라 움직이며 쾌락이 주인인 사람은 쾌락을 따라 움직인다. 당신의 주인은 누구인가? 당신의 인생을 완전히 바꾸길 원하는가? 그렇다면 주인을 바꾸면 된다. 인생 최고의 주인은 예수님이시다. 그분을 주인으로 삼으면 절대 후회하지 않는 인생이 될 것이다.

## 가나 혼인잔치

예수님의 처음 기적은 가나 혼인잔치에 가서 물을 포도주로 만든 사건이다. 예수님은 제자들과 함께 가나 혼인잔치에 초청을 받아 손님으로 갔다. 예수님의 어머니인 마리아가 일찍 결혼식에 가 있는 것을 보면 아마 마리아 친척의 결혼식으로 추정된다. 그런데 잔치의 흥을 돋우는 포도주가 다 떨어졌다.

전통적으로 유대인의 혼인잔치는 보통 일주일 동안 진행된다. 유대인들은 잔치를 하면 다른 어떤 음식보다도 흥을 돋우는 포도주를 충분하게 준비한다. 만약에 포도주가 잔치 도중에 떨어지면 동네 사람들을 무시하는 것이 되고, 동네 사람들에게 평생 망신거리가 된다. 그런데 이 잔치에 포도주가 떨어졌다. 파장한 잔치가 된 것이다. 이것을 알게 된 마리아는 급히 예수님에게 다가와 포도주가 떨어졌으니 도와 달라고 하였다.

잔치에 포도주가 떨어지면 주인에게 가야 한다. 잔치를 배설한 자는 연회장이다. 그런데 마리아는 손님으로 잔치에 참석한 예수님에게 문제를 가지고 갔다. 즉 예수님을 주인으로 모시겠다는 것이다.

예수님은 "나와 이 일이 무슨 상관이 있나이까" 하며 냉담한 반응을 보였다. 그러나 마리아는 하인들에게 예수께서 무슨 말씀을 하시든지 그대로 하라고 명령하였다. 예수님은 마리아의 믿음을 보시고 하인들에게 항아리에 물을 가득 채우라고 말씀하셨고, 그 물을 연회장에게 가져다주라고 하셨다. 하인들은 예수님의 말씀에 순종하다가 연회장에게 볼기를 맞을 수도 있고 그 집에서 쫓겨날 수도 있다. 그러나 종들은 그냥 예수님의 말씀대로 항아리에 채운 물을 연회장에게 가져갔다. 그들은 상식을 넘는 순종을 한 것이다. 어떻게 되었는가?

"연회장은 물로 된 포도주를 맛보고도 어디서 났는지 알지 못하되 물 떠온 하인들은 알더라. 연회장이 신랑을 불러 말하되 사람마다 먼저 좋은 포도주를 내고 취한 후에 낮은 것을 내거늘 그대는 지금까지 좋은 포도주를 두었도다 하니라"(요 2:9-10).

연회장은 포도주를 먹고 이런 포도주를 준비해둔 신랑을 칭찬해주었다. 이 일에 가장 놀란 사람은 하인들이다. 자신들이 떠온 물이었고 자신들이 가져간 물이었다. 그런데 그 물이 포도주가 된 것이다. 그 포도주는 사람이 만든 포도주보다 훨씬 맛있는 최상의 포도주가 되었다. 유대인들에게 포도주는 기쁨을 상징한다.

"사람의 마음을 기쁘게 하는 포도주와 사람의 얼굴을 윤택하게 하는 기름과 사람의 마음을 힘있게 하는 양식을 주셨도다"(시 104:15).
"잔치는 희락을 위하여 베푸는 것이요 포도주는 생명을 기쁘게 하는 것이나 돈은 범사에 이용되느니라"(전 10:19).

잔치집에 포도주가 떨어졌다는 것은 파장한 잔치가 되었다는 것을 말한다. 사람이 만든 기쁨은 시간이 흐르면 다 파장한 잔치가 된다. 결혼은 인생에 가장 큰 기쁨을 주는 사건이다. 그러나 그 결혼도 시간이 지나면 애정도 식고 열정도 사라지는 파장한 잔치가 된다.

건강도 젊음이 지나면 곧 파장한 잔치가 되어 여기저기 아프기 시작한다. 그 아름다운 미모도 다 사라진다. 돈도 사라지고 권력도 사라진다. 인기도 사라진다. 세상의 모든 것은 시간이 흐를수록 실망과 좌절을 가져다준다. 즉 세상의 포도주는 다 마른다는 것이다. 아무리 포도주가 많아도 시간이 지나면 다 마른다. 무더운 여름 가뭄 때 논바닥이 쩍쩍 갈라지는 것처럼 메마른 자신의 상태를 보게 된다.

"나는 더 이상 부를 노래가 없어!" "나에겐 더 이상 미래가 없어! 다 절망뿐이야!" "나는 헤어 나올 수 없는 고통의 늪에 빠져버렸어!" 하며 절망한다.

아무리 절망 속에 있는 사람이라고 할지라도 예수님을 주인으로 초대하는 사람은 물이 변하여 포도주가 된 것처럼 슬픔이 변하여 기쁨이 넘칠 것이다.

원래 예수님은 가나 혼인잔치에 손님으로 갔다. 그런데 마리아는 포도주가 떨어지자 결혼의 주인인 연회장에게 가지 않고 예수님에게로 갔다. 그 말은 예수님을 주인으로 모셨다는 것이다. 당신이 아무리 교회를 오래 다녀도 예수님을 당신 인생에 주변인이나 손님으로 계시게 한다면 당신 인생에는 아무 일도 일어나지 않을 것이다.

종교생활은 우리에게 참기쁨을 주지 않는다. 가나 혼인잔치 집에는 유대교 정결의식을 지키기 위해 텅 빈 돌 항아리가 6개나 있었다. 그 텅 빈 돌 항아리는 유대교를 상징한다. 유대교는 남들 보기에 도덕군자처럼 보이게 하지만 실상은 텅 빈 도덕이며 죽은 종교다. 유대교는 파장한 잔치다. 예수님은 종교생활로는 축제의 인생이 될 수 없다고 말씀하신다. 종교생활을 버리고 정말 예수님을 주인으로 모시라.

예수님을 인생의 주인으로 모신다면 모든 것이 달라질 것이다. 교회 다니는 수많은 사람이 예수님을 손님으로 대한다. 아무리 예수님이 곁에 와 계셔도 그분이 와 계신 것을 알지도 못하고 주인으로 모시지도 않는다.

2007년 1월 어느 날 아침, 세계적인 바이올린 연주자 죠수아 벨이 4억 원이나 하는 스트라디 바리우스 바이올린을 가지고 '바흐의 바이올린 독주를 위한 협주곡 6장'을 다 연주하였다. 그가 연주하면 보통 연주 홀에 들어가는 입장료가 20만 원이나 되어도 순식간에 다 매진된다. 그런데 그는 야구 모자를 깊이 눌러쓰고 자신의 얼굴과 신분을 다 가리고 워싱턴 지하철역에서 연주하였다. 그 앞을 1,097명이나 지나갔지만 단지 7명만 가던 길을 멈추고 그의 연주를 들었다. 그가 45분 동안 열정을 다해 연주하였지만 청중들의 박수도 감사의 인사도 없었다. 그의 깡통에는 단지 32달러 17센트만 던져졌다.

하루에 100만 명 넘게 다니는 지하철역이지만 각자가 바쁜 일에 쫓기느라 세계적인 연주를 들을 귀가 없었다. 우리 주위에는 하루에도 수많은 기적이 펼쳐지고 있다. 아기가 태어나서 자라고, 음식을 먹으면 소화가 되고 몸에 힘을 주면 배출이 되고, 겨울이 지나가고 봄이 오고, 겨우내 잠자던 땅들이 살아나고 움츠렸던 나무들이 새싹을 내고, 해가 뜨고 해가 지는 등 우리의 일상에서 매일 보는 것들이 너무나 위대한 그분의 연주다. 정말 다 기적, 기적이다. 이 모든 기적은 우연한 기적이 아니다. 모두가 다 표적이다. 예수님이 하나님의 아들이심을 드러내는 것이다. 내가 살아 있는 이 자체가 다 기적이다.

"우리가 그를 힘입어 살며 기동하며 존재하느니라"(행 17:28).

요한복음 1장은 예수님이 태초 전부터 하나님과 함께 계신 분이시며 만물을 다 만드신 분이시고 지은 것이 하나도 그가 없이 지어진 것이 없다고 말씀한다. 해와 달과 별들도 다 주님께서 만드셨고, 우리 한 사람 한 사람을 다 만드신 주인이시다. 예수님 안에는 영원히 사는 생명이 있다. 예수님은 지금도 우리의 시든 삶에 생기를 넣으시는 분이시다. 예수님은 온 우주를 만드시고 다스리시는 하나님의 아들이시다. 예수님께서 온 우주를 연주하시고 우리의 인생을 연주하고 계신다. 그런데 사람들은 그분의 연주를 모른다. 정말 안타까운 일이다.

요한은 예수님께서 공생애를 시작하시고 행하신 첫 번째 기적,

물이 변하여 포도주가 되게 하신 것을 보고 그것은 예수님이 하나님의 아들이시라는 표시였다고 말한다.

"예수께서 이 첫 표적을 갈릴리 가나에서 행하여 그의 영광을 나타내시매 제자들이 그를 믿으니라"(요 2:11).

하나님의 아들이신 그분을 당신의 주인으로 모시라. 물이 변하여 포도주가 되듯 모든 절망이 변하여 희망이 될 것이다. 파장한 잔치를 축제의 잔치로 바꾸어주실 것이다. 결혼한 지 10년이 넘도록 아들이 없는 부부가 미국에서 우리 교회에 찾아왔다. 예배 후 자녀를 달라고 간절히 기도한 후 1년 후에 아이를 데리고 찾아왔다. 이것이 어찌 의학적으로 설명이 되겠는가?

예수님은 지금도 여전히 물이 변하여 포도주가 되는 표적을 일으키신다. 물이 변하여 포도주가 된다는 것은 과학적으로 불가능한 일이다. 어찌 $H_2O$가 갑자기 $C_2H_5OH$로 바뀌는가? 이것은 상식적으로, 이성적으로, 경험적으로 불가능한 일이다. 내 초라한 삶에 예수님이 주인으로 들어오시면 모든 불가능이 가능하게 되고 축제가 시작된다. 주님이 내 삶에 들어오시면 꺼져가는 심지도 다시 불타오르게 된다. 주님이 내 삶의 주인이 되시면 상한 갈대도 살아난다.

그분은 지금도 살아계셔서 가난한 자를 부요하게 하시고 약한 자를 강하게 하시며 슬픔을 기쁨으로 바꾸어주신다. 돈이나 성공이

나 자녀를 삶의 중심에 놓지 말라. 돈이나 성공이나 자녀를 삶의 중심에 놓으면 고통과 공허함이 가득하게 될 것이다. 아무리 많은 것을 가져도 불안하고 내일을 알 수 없기에 두려울 것이다. 예수님을 삶의 중심에 모시면 혼돈이 질서로 바뀌고 공허가 충만함으로 바뀌며 흑암이 빛으로 바뀌게 된다.

지금 이 책을 읽는 사람 중에 혼자 힘으로 버거운 삶을 사는 이가 있는가? 삶이 고통스럽고 공허하고 우울한가? 모든 것을 다 버리고 떠나고 싶은가? 질병으로 하루하루 사는 것이 힘든 사람이 있는가? 낙심하지 말라. 당신에게는 왕이 있다. 그 왕은 평범한 왕이 아니다. 만왕의 왕이시며 사망조차 이기신 전능하신 왕이시다. 그 왕이신 예수님을 당신의 주인으로 모시라. 그분이 당신을 최고의 길로 인도해 주실 것이다.

만약 당신이 오늘 예수님에게 당신 마음의 왕좌를 드린다면 예수님이 당신 인생에서 하시는 일들을 보고 놀라게 될 것이다. 그분을 왕으로 모시고 살라. 모든 것이 축제가 될 것이다. 우리는 예수님이 우리 죄를 위해 죽어주신 메시아라는 것은 잘 알고 있다. 그러나 예수님을 우리 삶의 주인으로 모시고 살지는 않는다. 이것이 정말 심각한 문제다. 교회 문만 나가면 다시 내가 주인이 되어 산다.

우리 인생은 예수님을 주인으로 모시느냐
모시지 않느냐에 따라 크게 달라진다.

우리 인생은 예수님을 주인으로 모시는 만큼 위대해진다.

예수님은 우리 인생에 왕으로 들어오셔서 위대한 일을 하기 원하신다. 한 번 밖에 살지 않는 인생을 내가 주인이 되어 아등바등 살지 말고 만왕의 왕이신 그분에게 나를 온전히 내드려 그분이 내 안에서 주인으로 사시게 하라.

## 거친 풍랑을 만난 제자들

마태복음 8장에 보면 예수님께서 제자들과 함께 갈릴리 바다에서 배를 타고 가시다가 거친 풍랑을 만나는 사건이 나온다. 풍랑이 일자 물이 배 안으로 들어오기 시작하였다. 배가 점점 침몰해 가는데 구해 줄 사람은 없었다. 그때 배 안에 계신 예수님은 주무시고 계셨다.

"배에 오르시매 제자들이 따랐더니 바다에 큰 놀이 일어나 배가 물결에 덮이게 되었으되 예수께서는 주무시는지라"(마 8:23-24).

제자들은 분명 예수님과 함께 배에 타고 있었다. 폭풍으로 인해 배가 점점 침몰하려고 하자 제자들은 배 안에서 주무시는 예수님을 급히 깨우며 도움을 청하였다.

> "그 제자들이 나아와 깨우며 이르되 주여 구원하소서. 우리가 죽
> 겠나이다"(마 8:25).

"우리가 죽겠나이다"는 현재시제로 지금 점점 죽어가고 있다는
말이다. 제자들은 예수님과 함께 배를 타고 있었지만 예수님은 배
한 구석에서 주무시고 계셨다. 사실 예수님은 그 배의 손님에 불과
하였다. 정작 배를 움직이는 자들은 제자들이었다. 제자들은 거친
풍랑에 배가 침몰해가자 주무시는 예수님을 깨워 "주여 구원하소
서" 하며 급히 도움을 요청하였다.

제자들은 갈릴리 바다에서 오랫동안 어부로 잔뼈가 굵은 자들이
다. 반면에 예수님의 직업은 목수일뿐이다. 그런데도 그들은 예수님
을 찾고 있다. 이것은 예수님을 주인으로 모신다는 말이다. 제자들
이 예수님을 주인으로 모시자 예수님은 "어찌하여 무서워하느냐"라
고 말씀하시며 풍랑을 잠잠하게 하셨다.

> "예수께서 이르시되 어찌하여 무서워하느냐. 믿음이 작은 자들아
> 하시고 곧 일어나사 바람과 바다를 꾸짖으시니 아주 잔잔하게
> 되거늘"(마 8:26).

예수님의 말씀에 조금 전 배를 뒤엎을 만한 거친 풍랑이 아주 쥐 죽은 듯 잔잔하게 되었다. 놀라운 일이다. 예수님에게는 큰 풍랑을 잠잠하게 하는 능력이 있다. 예수님은 온 우주를 만든 주인이시다. 예수를 믿는 우리의 삶에도 때때로 거친 풍랑이 일어나 내가 타고 가던 배가 침몰할 수 있다. 당신의 건강이 점점 나빠지는가? 당신의 가정이 점점 무너지고 있는가? 재정이 점점 사라지고 있는가? 아무런 대안이 없는가?

문제 앞에 작아지지 말라. 당신의 주인이신 예수님을 바라보라. 혹시 제자들처럼 예수님을 손님으로 두지 말고 당신 삶의 중심에 주인으로 모시라. 그리고 그분에게 도움을 구하라. 예수님이 주인이 되시면 주님께서 모든 풍랑을 잠잠하게 하실 것이다. 예수님이 내 삶의 중심에 계시면 죽음이 두렵지 않고 죽음 이후도 두렵지 않다. 예수를 주인으로 모시는 자는 그분 때문에 항상 기쁠 것이다. 혹시 문제가 해결되지 않는다 하여도 즐거워할 것이다. 그분이 내 안에 주인으로 살아 계시기 때문이다.

## 빈 배

누가복음 5장에 예수님께서 베드로의 배에 타시고 그 배를 무대 삼아 해변에 앉은 무리를 향해 설교하시는 모습이 나온다. 그 장면은 참 서정적인 모습이다. 말씀을 마치신 예수님은 베드로에게 깊은 곳에 그물을 내리라 하셨고, 베드로는 밤새 고기를 잡고자 수고하였으나 한 마리도 잡지 못했다고 하였다. 그러나 예수님 말씀에 의지하여 그물을 내렸더니 엄청난 물고기를 잡았다. 고기가 너무 많아서 옆에 있는 친구들에게 도움을 청하고 친구의 배에도 고기가 가득하였다. 이것을 만선의 축복이라고 말한다.

베드로는 자기 배에 타신 예수님을 그냥 말씀을 가르치시는 선생으로만 알았다. 예수님께서 무리에게 말씀을 가르치시는 것을 가장 가까이에서 들으며 선생으로 알았다. 예수님께서 무리를 떠나 그의 인생에 개입하시면서 베드로에게 일대일로 대화를 시작하였다. 예수님께서 그에게 깊은 곳에 그물을 내리라고 말씀할 때까지도 베드로는 예수님을 단지 사람들에게 말씀을 전하시는 선생으로만 알았다.

"시몬이 대답하여 이르되 선생님 우리들이 밤이 새도록 수고하였으되 잡은 것이 없지마는 말씀에 의지하여 내가 그물을 내리리이다 하고"(눅 5:5).

베드로는 물고기 잡는 게 전공이지만 자기 생각을 내려놓고 예수님의 말씀에 순종하기로 하였다. 베드로는 예수님을 그냥 지나가는 손님으로 생각하지 않고 주인으로 모신 것이다. 베드로가 예수님을 주인으로 모시고 말씀에 순종하자 엄청난 물고기가 잡혔다. 베드로는 즉시 예수님을 주님으로 부르고 그 앞에 엎드렸다.

> "시몬 베드로가 이를 보고 예수의 무릎 아래에 엎드려 이르되 주여 나를 떠나소서. 나는 죄인이로소이다 하니"(눅 5:8).

모든 어부의 행복은 빈 배에 물고기가 가득 차는 만선에 있다. 물고기가 배 안에 가득 찼는데 베드로는 행복하기보다 거룩한 두려움이 생겼다. 왜냐하면 지금 자기 배 안에 계시는 예수님이 물고기가 어디에 있는지 아는 분인 걸 깨달음과 동시에 자신의 모든 과거를 아시는 분으로, 또 지금 자신의 생각조차도 다 아시는 분으로 느껴졌기 때문이다. 그래서 자기도 모르게 "주여 나를 떠나소서"라는 말이 나온 것이다. 베드로의 진짜 축복은 자신이 죄인인 것을 알게 된 것이다. 베드로가 예수님을 주인으로 모시자 예수님은 베드로에게 사람 낚는 어부가 되라는 사명을 주셨다.

> "예수께서 시몬에게 이르시되 무서워하지 말라. 이제 후로는 네가 사람을 취하리라 하시니"(눅 5:10).

베드로가 예수님을 주인으로 모시자 그는 이제 이 땅의 성공만을 위해 사는 삶을 내려놓고 영원한 땅을 위해 사는 사명을 가지게 되었다. 내가 죄인인 것을 알고 예수님을 진짜 내 삶의 주인으로 모시는 자는 이 땅의 축복을 넘어 영원한 땅을 위해 사는 축복을 누리게 된다. 베드로는 만선의 축복을 내려놓고 영원한 땅을 위해 사는 자가 되었다.

만약 베드로가 만선의 축복으로 끝났다면 그는 비록 많은 물고기를 잡는 행복은 누렸을지 모르지만 결코 진짜 축제의 인생은 되지 못하였을 것이다. 왜냐하면 인생은 죽음 이후에 영원한 세계가 기다리고 있기 때문이다. 현대인들은 노후 준비는 열심히 하면서 사후 준비는 하지 않는다. 정말 불쌍한 사람들이다. 톨스토이는 이런 말을 하였다.

"세상에 죽음만큼 확실한 것은 없다. 그런데 사람들은 겨우살이 준비는 하면서도 죽음은 준비하지 않는다."

죽음 후가 행복하지 않은 사람은 이 세상에서 아무리 행복하다고 해도 그 행복은 모래성에 불과한 것이다. 로마의 시인 호라티우스는 유명한 말을 남겼다.

"메멘토 모리"(Memento mori, 죽는다는 것을 기억하라).

이 말은 라틴어인데 로마 공화정 시절 전쟁에서 승리한 개선장군이 자랑스럽게 시민들 사이에서 행진할 때 바로 뒤에서 전차에 함께 타고 있던 노비가 장군의 귀에 "메멘토 모리"라고 속삭이며 장군을 따르는 전통이 있었다고 한다. 이 말은 네가 오늘은 개선장군이지만 곧 죽으니 헛된 망상을 버리라는 말이다. 당신도 이 세상에서 성공에 취해 인생을 다 낭비하는 헛된 망상에서 나오라. 진짜 축제는 죽음 후에 있다.

베드로가 예수님을 주인으로 모시자 인생에 놀라운 전환점이 생겼다. 예수님을 그냥 내 삶에 조금 도움을 주는 선생으로 여기지 말라. 예수는 내 삶을 송두리째 바꾸시는 주님이시다. 예수님이 내 배 안에 계신다고 내 인생이 바뀌는 것이 아니다. 예수님이 내 주인이 되어야 한다. 예수님은 하늘의 주인이시며 땅의 주인이시고 바다의 주인이시다. 아무리 예수를 오래 믿어도 내가 내 인생을 산다면 그냥 물고기나 잡으며 사는 초라한 인생으로 마칠 것이다. 그러나 예수님을 내 주인으로 모시고 산다면 상상을 초월하는 위대한 잔치의 인생이 될 것이다.

베드로는 물고기 잡는 일을 내려놓고 초대교회를 이끄는 영적 거장이 되었고, 그가 가는 데마다 질병이 치유되고 죽은 자가 살아났으며, 심지어 베드로의 그림자만 밟아도 병이 낫는 기적이 일어났다. 베드로는 수많은 교회를 세웠고 베드로전서와 베드로후서를 남겼다. 예수를 주인으로 모시면 당신의 삶에 진짜 클라이맥스가 시작될 것이다.

## 초대교회의 부흥

사도행전 1~2장에서 시작된 예루살렘 초대교회는 놀랍게 부흥하였고, 순식간에 팔레스타인 땅을 예수로 물들게 했다. 사도행전 2장에 보면 베드로가 오순절 다락방에서 성령을 받은 이후 주위에 몰려든 유대인들에게 설교하는 장면이 나온다. 베드로는 유대인들에게 하나님께서 예수님을 다시 부활시키시고 예수님을 주가 되게 하셨다고 말한다.

"그런즉 이스라엘 온 집은 확실히 알지니 너희가 십자가에 못 박은 이 예수를 하나님이 주와 그리스도가 되게 하셨느니라 하니라"(행 2:36).

초대교회 교인들은 예수님을 메시아일 뿐만 아니라 주인으로 모셨기에 자기가 가진 물질과 시간을 다 드렸다. 그들은 아무도 자기 것을 자신의 것이라고 주장하지 않았다. 베드로는 며칠 후 성전에서 복음을 전한다는 이유로 체포되어 대제사장 앞으로 끌려갔다. 베드로는 그들 앞에 예수님을 '주, 임금'이라고 말한다.

"너희가 나무에 달아 죽인 예수를 우리 조상의 하나님이 살리시고 이스라엘에게 회개함과 죄 사함을 주시려고 그를 오른손으로 높이사 임금과 구주로 삼으셨느니라"(행 5:30-31).

바울도 다메섹에서 예수님을 만난 후 처음으로 복음을 전파할 때 예수님을 하나님의 아들, 즉 주인으로 소개하였다.

"음식을 먹으매 강건하여지니라. 사울이 다메섹에 있는 제자들과 함께 며칠 있을새 즉시로 각 회당에서 예수가 하나님의 아들이 심을 전파하니"(행 9:19-20).

나중에 바울은 로마에 있는 로마교회에 로마서를 쓰면서도 예수님을 소개할 때 주로 소개한다.

"성결의 영으로는 죽은 자들 가운데서 부활하사 능력으로 하나님의 아들로 선포되셨으니 곧 우리 주(인) 예수 그리스도시니라"(롬 1:4).

바울은 갈라디아교회, 에베소교회, 빌립보교회, 골로새교회, 데살로니가교회, 디모데에게 편지를 보내면서 주인 되신 예수님으로부터 은혜와 평강이 있길 기원하였다.

"우리 하나님 아버지와 주 예수 그리스도로부터 은혜와 평강이 있기를 원하노라"(갈 1:3).

"하나님 우리 아버지와 주 예수 그리스도로부터 은혜와 평강이 너희에게 있을지어다"(엡 1:2).

"하나님 우리 아버지와 주 예수 그리스도로부터 은혜와 평강이 너희에게 있을지어다"(빌 1:2).

"우리가 너희를 위하여 기도할 때마다 하나님 곧 우리 주 예수 그리스도의 아버지께 감사하노라"(골 1:3).

"바울과 실루아노와 디모데는 하나님 아버지와 주 예수 그리스도 안에 있는 데살로니가인의 교회에 편지하노니 은혜와 평강이 너희에게 있을지어다"(살전 1:1).

"바울과 실루아노와 디모데는 하나님 우리 아버지와 주 예수 그리스도 안에 있는 데살로니가인의 교회에 편지하노니"(살후 1:1).

"믿음 안에서 참 아들 된 디모데에게 편지하노니 하나님 아버지와 그리스도 예수 우리 주께로부터 은혜와 긍휼과 평강이 네게 있을지어다"(딤전 1:2).

"사랑하는 아들 디모데에게 편지하노니 하나님 아버지와 그리스도 예수 우리 주께로부터 은혜와 긍휼과 평강이 네게 있을지어다"(딤후 1:2).


바울만 예수님을 주로 소개한 것이 아니라 야고보도 똑같이 예수님을 주로 소개하였다.

"하나님과 주 예수 그리스도의 종 야고보는 흩어져 있는 열두 지파에게 문안하노라"(약 1:1).

베드로 역시 예수님을 주로 고백한다.

"우리 주 예수 그리스도의 아버지 하나님을 찬송하리로다. 그의 많으신 긍휼대로 예수 그리스도를 죽은 자 가운데서 부활하게 하심으로 말미암아 우리를 거듭나게 하사 산 소망이 있게 하시며"(벧전 1:3).

초대교회 교인들은 아무도 예수님을 메시아(그리스도)로만 믿지 않았다. 그들은 언제나 주인 예수 그리스도를 믿었다. 그래서 초대교회에는 폭발적인 부흥이 있었고 수많은 기적이 있었다. 오늘날 교회는 예수님을 그냥 메시아(그리스도)로만 믿기 때문에 아무런 부흥도 기적도 없다. 현대교회 교인들의 문제점은 예수님을 메시아(그리스도)로만 믿는 것이다. 그것은 나의 유익만 챙기는 것이다.

처음 예수님을 따라다녔던 무리도 대부분 예수님을 메시아로만 믿고 따라다녔다. 그들은 예수님을 통해 병이 낫고 먹을 것도 해결받고 기적도 보고 좋아했다. 그들은 예수님을 하나님의 아들로 말하였고 "호산나 다윗의 자손이여"라고 외치기도 하였다. 그들은 언제나 예수님을 자신의 삶에 유익을 주는 메시아로 생각하였다. 그러나 그런 메시아는 예수님이 원하시는 것이 아니다. 예수님은 메시아일 뿐만 아니라 주인이 되길 원하신다. 예수님이 왜 십자가에 죽으셨는가?

"그가 모든 사람을 대신하여 죽으심은 살아 있는 자들로 하여금 다시는 그들 자신을 위하여 살지 않고 오직 그들을 대신하여 죽었다가 다시 살아나신 이를 위하여 살게 하려 함이라"(고후 5:15).

예수님께서 십자가에 우리를 대신하여 죽으심은 예수를 위해 살게 하려 함이라고 말씀하신다. 즉 예수님을 주인으로 모시고 사는 자가 되게 하기 위해 죽으셨다는 말이다. 당신은 예수님을 메시아로 부르며 당신의 삶에 도움만 받길 원하는가? 그것은 예수님을 이용만 하다 내가 필요하지 않으면 버리는 유대인들이과 똑같다. 예수님이 우리의 주인이 되는 것은 하나님이 원하시는 일이고 성경이 말씀하시는 진리다.

오늘 예수님을 당신의 주인으로 모시라. 그리고 매 순간 예수님을 주인으로 모시라. 일주일 내내 예수님을 주인으로 모시고 살라. 그분이 당신을 다스리게 하라. 그분이 당신의 운명을 주장하시고 날마다 당신의 삶을 주장하시게 하라. 예수님이 당신 삶의 주인이 되시면 초라한 당신의 삶이 이 세상에서만 축제로 살뿐 아니라 영원한 축제가 될 것이다.

저는 바이올린입니다.

저에겐 아무런 소망이 없었습니다.

어둠 속에 아주 오랫동안 놓여 있었습니다.

그런데 어느 날, 저는 누군가를 만났습니다.

이전에는 경험하지 못했던 따스한 사랑의 손길이었는데

저를 만지시면서 얼룩지고 상처 난 저를 닦아주시고

흐트러진 저를 조율하셨습니다.

너무나 위대한 연주자이셨기에 전 많이 부끄러웠답니다.

그분은 아주 열정적으로 저를 연주하셨습니다.

그런데 저에게서 이렇게 아름다운 소리가

나올 줄은 전혀 몰랐습니다.

그러나 그 아름다움은 저에게 있는 것이 아니라

그분께 있었습니다.

전 단지 그분 손에 맡겨지기만 했습니다.

그런데 더 감동적인 것은

그분이 저를 친구라 부르신다는 겁니다.

오직 그분으로 인해 저의 삶이 모두 변화되었습니다.

이제는 제 안에

진정한 소망과 존귀함이 있다는 걸 알았습니다.

저를 친구라 부르시며 지금도 연주를 멈추지 않는 분,

그분은 나의 왕 예수이십니다.

아무 가치도 없던 저를 들어 조율하시고
아름답게 연주하시는 그분께 매일 제 삶의 왕좌를 드립니다.


예수님은 당신의 삶도 연주하기 원하신다. 그분에게 당신 삶의 중심을 드리라. 아직도 나 자신을 왕으로 삼고 나를 기대하며 사는 이가 있는가? 그것은 허무다. 나를 기대하지 말고 나를 다스리시길 원하시는 그분을 왕으로 삼고 그분을 기대하라. 그분이 내 왕이 되면 날마다 축제가 될 것이다. 그분은 평범한 왕이 아니다. 예수님은 만왕의 왕이시며 만주의 주인이시다(계 17:14). 예수님은 나의 왕이시다. 예수님은 나의 주인이시다.

누가 내 인생을 연주하느냐에 따라 인생의 질이 결정된다. 당신이 아무리 오래 예수를 믿었어도 예수가 당신이 주인이 되지 않는다면 예수님과 당신은 아무 상관이 없다. 예수님을 주인으로 모시고 축제의 인생을 살라. 그분을 주인으로 모시면 축제의 인생이 펼쳐질 것이다. 한 번밖에 살지 않는 인생을 짐이 아닌 축제의 삶이 되게 하라.


내가 조그마한 구멍가게를 한다고 생각해보라. 그 가게가 망해간다. 아무리 노력해도 장사가 안 된다. 매일 돈이 없어서 걱정이다. 그런데 어느 날, 세계 최고의 갑부인 빌 게이츠가 내 가게에 와서 나 대신 경영을 해주겠다고 한다. 이것은 지금까지 내가 하고 있는 모든 걱정을 싹 해결해주는 것이다. 이것은 정말 횡재다. 그런데 예수님은 빌 게이츠보다 더 지혜롭고 더 부유하신 분이시다.

내 집은 초라한 거지의 집과 같다. 왕은 초라한 거지 집에 들어와 살지 않는다. 그런데 왕보다 더 높으신 만왕의 왕이며 온 우주의 주인이신 예수님께서 내 천하고 더러운 집에 들어와 사시려고 하는 것은 엄청난 은혜. 예수님을 주인으로 모시는 것은 우리의 특권이며 축복이다. 이 축복을 미루지 말라. 이 축복은 당신을 위해 준비되어 있다. 지금이라도 늦지 않다. 오늘 다시 한번 예수님을 주인으로 모시는 시간을 가지라. 파장한 잔치 같은 인생에 축제의 잔치가 펼쳐질 것이다.

> "왕을 얻으면 모든 것을 얻는다."

## 예수가 내 주인이 되면 내 삶은 축제이다

1. 유대인들에게 포도주는 무엇을 상징합니까? (시 104:15, 전 10:19)

2. 가나 혼인잔치는 포도주가 떨어져 파장한 잔치가 되었는데 어떻게 다시 축제
   의 잔치가 되었습니까?

3. 가나 혼인잔치에 있었던 정결의식을 위한 돌 항아리는 무엇을 상징합니까?

4. 마태복음 8장에는 갈릴리 바다에서 풍랑을 만난 제자들이 나옵니다.
   제자들이 거친 풍랑에서 살아난 방법은 무엇이었습니까? (마 8:23-25)

5. 누가복음 5장에 갈릴리 바다에서 밤새도록 물고기를 잡으려고 하였지만 빈 배로 돌아온 베드로가 나옵니다. 베드로는 예수님의 말씀에 순종하여 만선의 축복을 누렸습니다. 이 사건에서 베드로가 예수님을 부르는 호칭의 변화를 말해봅시다.

6. 초대교회의 놀라운 부흥의 원인이 무엇이라고 생각합니까?

7. 지금 다시 예수님을 주인으로 모시는 시간을 가져보세요.

"

사도와 함께 모이사 그들에게 분부하여 이르시되 예루살렘을
떠나지 말고 내게서 들은 바 아버지께서 약속하신 것을 기다리라.
요한은 물로 세례를 베풀었으나 너희는 몇 날이 못되어
성령으로 세례를 받으리라 하셨느니라. 행 1:4-5

너희가 악할지라도 좋은 것을 자식에게 줄 줄 알거든
하물며 너희 하늘 아버지께서 구하는 자에게
성령을 주시지 않겠느냐 하시니라. 눅 11:13

"

# 예수의 영이신
# 성령으로 충만하라

내 어린 시절 친구 중 한 명은 집이 방앗간이었다. 그 친구 집에 놀러 가면 방앗간을 통과해야 했다. 방앗간에는 온갖 기계들이 가득하다. 고추를 찧는 것, 국수를 빼는 것, 떡을 빼내는 것, 곡식을 가루로 만드는 것 등. 그 많은 기계가 움직이기 전에 제일 먼저 원동기를 돌린다. 원동기가 돌아가면 그 원동기에 벨트를 연결한다. 벨트가 연결되면 모든 기계가 돌아가기 시작한다. 원동기를 아무리 돌려도 원동기와 다른 기계 사이에 벨트가 연결되지 않으면 아무 소용이 없다.

마치 원동기에 벨트가 연결되어야 모든 기계가 작동이 되듯 하나님의 말씀과 나 사이에 성령의 벨트가 연결되어야 하나님의 말씀이 내 안에서 작동한다. 아무리 예수를 믿어도 성령이 역사하지 않는다면 성경의 모든 이야기는 한낱 과거에 일어난 사건에 불과하다.

하나님의 말씀과 나를 연결해주는 것은 성령님이시다.

우리는 지금까지 예수를 주인으로 모셔야 함을 말했다. 내 인생의 주인인 나를 빼내고 예수로 주인으로 바꾸는 것은 내 힘으로 되는 것이 아니다. 그것은 성령의 역사로만 가능하다.

"또 성령으로 아니하고는 누구든지 예수를 주시라 할 수 없느니라"(고전 12:3).

예수님이 내 주인 되는 삶의 필수조건은 성령으로 충만하게 되는 것이다. 성령이 아니면 예수님이 진정 내 주인이 될 수 없다. 정말 예수님을 주인으로 삼고 살길 원하는가? 내 충만을 버리고 성령 하나님으로 충만하라. 성령께서 매 순간 예수님이 주인인 삶을 살도록 당신을 인도하실 것이다.

오순절 다락방 성령이 부어지기 이전의 베드로를 기억해보라. 그는 예수님의 십자가 죽음을 안다. 그리고 예수님이 삼일 만에 부활하신 것도 안다. 그는 예수님의 부활을 직접 그의 눈으로 보았다. 그러나 그는 다시 물고기 잡으려고 갈릴리 바다로 돌아가 버렸다.

"시몬 베드로가 나는 물고기 잡으러 가노라 하니 그들이 우리도 함께 가겠다 하고…"(요 21:3).

베드로는 속으로 이렇게 말했다. '예수님, 나는 예수님의 부활을 보았습니다. 부활을 믿습니다. 그런데 그 부활은 예수님의 능력이지요. 나에겐 그런 능력이 없습니다. 나에겐 이제 세상을 살아갈 돈이 필요합니다. 그래서 나는 다시 물고기 잡으러 갑니다.' 우리도 베드로와 비슷하지 않은가? 우리는 예수님께서 내 죄를 위해 십자가에 죽으신 것도, 예수님의 부활도 믿는다. 그러나 우리에게 필요한 것은 예수가 아니라 돈이다. 예수님을 믿는다고 말은 하지만 예수님을 믿기보다 내 실력과 돈을 믿고 산다.

예수님은 십자가의 죽음과 부활로 모든 것이 끝이 났는가? 예수님은 제자들을 통해 모든 족속으로 제자를 삼는 위대한 비전을 이루시길 원했다. 그러나 그 비전을 이루실 수는 없었다. 예수님의 비전은 한낱 공상이 될 뻔했다.

예수님에게 있는 신의 한 수는 바로 성령님이시다.

결국 제자들에게 성령이 부어지자 "너희들은 나보다 더 큰 일을 하리라"고 하신 말씀대로 그들은 정말 예수님보다 더 위대한 일들을 하였다. 베드로는 오순절 날 성령 충만한 이후 하루에 3천 명, 5천 명이 예수님을 믿게 하는 위대한 일을 하였다.

우리가 성령으로 충만해야 모든 성경 말씀이 내 안에서 작동하기 시작한다. 그리스도인에게 성령이 없다면 진짜 그리스도인다운

역동적인 삶이 불가능하다. 예수님은 이것을 아시기에 십자가를 지시기 전에 제자들에게 성령의 중요성을 강조하셨다. 요한복음 13장에 보면 최후의 만찬 때 제자들의 발을 씻어주시고 그다음 요한복음 14장, 15장, 16장에 걸쳐서 "내가 떠나면 너희에게 성령을 보내주실 것이다" 말씀하셨다. 십자가의 죽음을 눈앞에 두시고 마지막으로 제자들에게 부탁하신 말씀은 다름 아닌 성령에 대한 말씀이었다. 요한복음 14장에서 예수님은 엄청난 말씀을 하셨다.

"내가 진실로 진실로 너희에게 이르노니 나를 믿는 자는 내가 하는 일을 그도 할 것이요 또한 그보다 큰 일도 하리니 이는 내가 아버지께로 감이라"(요 14:12).

예수님은 예수님을 믿는 자는 예수님이 하신 일을 하게 될 것이요, 또한 예수님보다 더 큰 일도 할 것이라고 말씀하신다. 그 이유는 예수님이 하나님께로 가기 때문이라고 말씀하셨다. 아니, 예수님이 떠나가시는데 어떻게 제자들이 예수님이 하신 일을 하게 되고, 예수님보다 더 큰 일을 하게 되는가? 그것은 예수님이 가시고 성령님을 보내주시기 때문이라는 것이다. 예수님은 분명하게 말씀하신다.

"내가 아버지께 구하겠으니 그가 또 다른 보혜사를 너희에게 주사 영원토록 너희와 함께 있게 하리니"(요 14:16).

예수님은 보혜사, 곧 성령님이 오시면 일상생활에 필요한 모든 것을 가르쳐 주신다고 말씀하신다.

"보혜사 곧 아버지께서 내 이름으로 보내실 성령 그가 너희에게 모든 것을 가르치고 내가 너희에게 말한 모든 것을 생각나게 하리라"(요 14:26).

요한복음은 예수님이 승천하신 후 약 60년이 지나서 요한이 쓴 책이다. 요한은 60년 전에 예수님과 함께 최후의 만찬을 하면서 예수님께서 말씀하신 것을 생생하게 기억하고 기록하고 있다. 이것이 어떻게 가능한가? 바로 성령께서 가르쳐주시기 때문이다. 성령님이 오시면 예수님을 만나려고 이스라엘까지 찾아갈 필요가 없다. 일상 생활에서 모든 것을 그분이 가르쳐주신다.

보혜사는 헬라어로 파라클레토스다. '파라'는 '내 곁에'라는 말이고 '클레토스'는 '변호한다'는 말이다. 정확하게 말하면 보혜사는 내 곁에 계시면서 나라는 인물에 대해 언제나 긍정적으로 생각하고 변호하고 가르쳐주고 인도해주는 것이다. 보혜사를 가장 잘 표현해주는 것은 아기 걸음마를 도와주는 엄마의 심정이다. 아기는 걸음마 할 때 2천 번이 넘도록 수없이 넘어지지만 엄마가 계속 도와주고 걸을 수 있다고 격려해준다.

요한복음 15장에서는 포도나무와 가지의 비유를 말씀하셨다. 포도나무는 예수님이시고 가지는 예수를 믿는 자들이다. 포도나무 가지가 포도나무를 떠나면 살 수 없듯이 예수를 믿는 우리는 예수님을 떠나서는 살 수도 없고, 아무런 열매도 맺지 못한다. 포도나무 가지는 포도를 맺기 위해 존재한다. 우리 또한 열매 맺는 삶을 살아야 한다. 우리가 열매 맺는 것은 예수를 증언하는 것이다. 예수님은 요한복음 15장의 결론으로 성령을 말씀하신다.

"내가 아버지께로부터 너희에게 보낼 보혜사 곧 아버지께로부터 나오시는 진리의 성령이 오실 때에 그가 나를 증언하실 것이요"(요 15:26).

열매 맺는 그리스도인이 되기 위해서는 무엇보다 성령이 오셔야 함을 말씀하시는 것이다.

요한복음 16장에서도 여전히 성령의 중요성을 말씀하신다. 예수님은 자신이 아버지께로 가고 제자들에게 성령을 보내시는 것이 더 유익하다고 말씀하신다.

"그러나 내가 너희에게 실상을 말하노니 내가 떠나가는 것이 너희에게 유익이라. 내가 떠나가지 아니하면 보혜사가 너희에게로 오시지 아니할 것이요 가면 내가 그를 너희에게로 보내리니"(요 16:7).

이런 말씀들은 제자들이 이해할 수 없는 말씀이다. 어찌 예수님이 떠나가시는 것이 더 유익한가? 예수님이 계시면 먹는 것도 해결되고, 예수님이 계시면 어떤 문제도 다 해결이 되는데 어찌 제자들을 떠나가시는 것이 더 유익한가? 만약 예수님이 제자들을 떠나지 않고 계속 이 땅에 머물고 계신다면 예수님은 육체를 가지고 계시기에 언제나 시간적, 공간적 제한을 받으시게 된다. 예수님이 계속 육체를 가지고 갈릴리에 계시면 예루살렘에 있는 자들이 예수님을 만날 수 없고, 예수님이 예루살렘에 계시면 갈릴리에 있는 자들은 만날 수 없다. 그러므로 예수님이 떠나가시고 시간적 공간적 제한을 받지 않으시는 성령님이 오심이 더 유익한 것이다.

"그러나 진리의 성령이 오시면 그가 너희를 모든 진리 가운데로 인도하시리니 그가 스스로 말하지 않고 오직 들은 것을 말하며 장래 일을 너희에게 알리시리라"(요 16:13).

성령이 오시면 제자들에게 장래 일도 알게 하시는 축복도 임한다. 요한복음 14~16장에서 예수님은 십자가를 지시기 직전에 최후의 만찬을 하시면서 제자들에게 성령을 보내주실 것을 긴 시간 동안 말씀해주셨다. 왜 예수님은 죽음을 눈앞에 두고 이토록 제자들이 알지도 못하고 이해할 수도 없는 성령에 대해 말씀하시는가? 이것은 성령의 중요성을 말하고 있는 것이다. 그리고 요한복음 17장에서는 겟세마네 동산에서 중보기도를 하시고, 요한복음 18장에서는 체포되시고, 요한복음 19장에서는 십자가에서 돌아가셨다. 그리고 요한복음 20장에서는 예수님은 부활하셨다. 부활하신 예수님은 막달라 마리아에게 보이시고 그다음 곧바로 안식 후 첫날 제자들에게 나타나셨다.

> "이날 곧 안식 후 첫날 저녁 때에 제자들이 유대인들을 두려워하여 모인 곳의 문들을 닫았더니 예수께서 오사 가운데 서서 이르시되 너희에게 평강이 있을지어다. 이 말씀을 하시고 손과 옆구리를 보이시니 제자들이 주를 보고 기뻐하더라"(요 20:19-20).

예수님은 안식일에 부활하시고 그날 저녁에 제자들에게 나타나셔서 십자가에 못 박힌 손과 창에 찔린 옆구리를 보여주셨다. 제자들은 예수님이 부활하신 것을 보고 기뻐하였다. 그리고 예수님은 곧바로 성령을 받으라고 말씀하셨다.

> "예수께서 또 이르시되 너희에게 평강이 있을지어다. 아버지께서 나를 보내신 것같이 나도 너희를 보내노라. 이 말씀을 하시고 그

들을 향하사 숨을 내쉬며 이르시되 성령을 받으라"(요 20:21-22).

예수님은 십자가에 죽으시고 삼일 만에 부활하셔서 제자들에게 나타나자마자 성령을 받으라고 말씀하셨다. 그 후 부활하신 예수님이 하루도 아니고 40일 동안 계속 나타나셨다. 이제 놀란 가슴이 조금 안정이 되는 듯하였다. 부활하신 예수님은 제자들에게 부활에 대한 확신을 주시고 십자가를 지시기 전에 강조하신 성령을 또다시 "예루살렘을 떠나지 말고 내게서 들은 바 아버지께서 약속하신 성령을 기다리라"(행 1:4)고 말씀하신 후 하늘로 승천하셨다.

예수님은 십자가를 지시기 전에도 그토록 긴 시간 동안(요 14-16장) 성령을 말씀하시고, 부활하신 직후에도(요 20장) 제일 먼저 성령을 받으라고 말씀하셨으며, 부활하신 후 40일 동안 계속 나타나시다가 마지막으로 제자들을 떠나시면서 또 예루살렘을 떠나지 말고 성령으로 세례를 받으라고 말씀하셨다(행 1장).

왜 예수님은 십자가에서 죽기 전에, 부활하신 직후에, 또 하늘로 승천하시기 전에 거듭 성령을 말씀하시는가? 예수님이 나무 십자가에서 죽으심은 하나님에게 저주를 받은 것이다.

"그리스도께서 우리를 위하여 저주를 받은 바 되사… 나무에 달린 자마다 저주 아래에 있는 자라 하였음이라"(갈 3:13).

그 저주는 예수님이 지은 죄에 대한 저주가 아니라 온 인류의 죄를 대신해서 받은 저주였다. 우리가 예수님을 믿으면 우리의 모든 죄가 다 없어진다. 그러면 예수님을 믿은 이후에 더 이상 죄를 짓지 않는가? 우리는 예수님을 믿기 전이나 예수님을 믿은 후나 여전히 죄짓고 산다. 그것은 무능한 크리스천이자 무력한 크리스천이요, 무지한 크리스천이다. 우리가 예수님처럼 능력 있는 크리스천으로 살 수 있는 방법이 없는가?

우리가 죄를 이기고 사탄을 물리치고 열매가 풍성한 크리스천으로 살 수 있는 방법은 바로 성령으로 세례받는 것이다. 예수님 당시 '세례' 라는 헬라어 '밥티조마' 라는 단어는 옷에 물감을 들이기 위해 옷을 색이 있는 물에 푹 잠기게 하여 하얀 옷에 완전히 색깔이 물들게 하는 것이다. 성령으로 세례를 받는다는 말은 몸과 마음이 전부 성령으로 충만해지는 것이다.

성령으로 세례를 받는 것(행 1:5)과 성령 충만(행 2:4)을 너무 구별할 필요는 없다. 사도행전 1장과 2장을 기록한 사람은 동일한 인물인 누가다. 그가 이 두 가지를 같이 사용하고 있다. 우리가 예수를 믿는다고 하지만 성령님을 모르면 예수 믿기 전이나 별 차이가 없다. 교회에 보면 다른 말씀은 잘 받아들이는데 이 성령에 대한 말씀만 하면 알레르기 반응을 나타내는 자들이 있다. 정말 안타까운 일이다.

이 성령은 예수님께서 십자가에 달리시기 전에 유언으로 강조하신 것이고, 부활하신 직후에 성령을 받으라 말씀하셨고, 부활 이후 하늘로 승천하시기 전에도 다시 강조하신 것이다.

그런데도 이 성령을 모르거나 무시하는 이가 많다. 이것은 사탄의 악한 전략이자 술책이다. 이것은 음악을 들으려고 연주회에 오지만 귀는 막는 것이고, 음식을 먹으려고 식당에 오지만 입은 막는 것이며, 그림을 구경하려고 오지만 눈을 감는 것과 같다.

성경을 누가 기록하였는가? 성령의 감동을 받은 자들이 성령으로 기록하였다. 성경의 저자는 성령이시다. 책이 중요한가? 책의 저자가 중요한가? 성경은 강조하면서 성령을 무시하는 자는 정말 안타까운 자다. 예수님은 어떻게 잉태되었는가? 성령의 능력으로 잉태되었다. 예수님이 어떻게 우리 마음에 들어오셨는가? 성령의 능력으로. 여러분이 하나님의 말씀을 들을 때 어떻게 감동을 받고 은혜를 받는가? 성령의 능력으로. 우리가 무엇을 할까 어떻게 할까 고민할 때 누가 지혜를 주고 누가 문제를 해결해 주시는가? 성령께서 지혜를 주시고 성령께서 갈 길을 가르쳐주신다.

오늘날 성도가 성도답게 살게 해주는 모든 능력은 성령님이시다. 성령님이 계시지 않는다면 우리에게 성경책은 한낱 소설책에 불과할 것이고 성경을 읽어도 아무런 감동을 받을 수 없을 것이다. 성령이 계시지 않는다면 설교를 들어도 그냥 인격수양에 도움을 주는 정도이지 영적으로 아무런 힘을 줄 수 없다. 그러므로 성도는 반드시 성령으로 충만해야 한다. 나로 충만하거나 세상 충만한 자는 죄 충만이다. 그 사람은 예수 믿어도 예수를 믿는 것이 아니다. 우리는 하나님의 영, 예수님의 영이신 성령으로 충만해야 한다.

예수님의 제자들은 예수님의 부활을 보았다. 예수님의 부활을 확신했다. 그들은 예수님의 부활을 의심하지 않았다. 그러나 세상을 이길 수 있는 힘이 없었다. 그들은 세상을 변화시키기는커녕 하루하루 생존하기에도 버거운 자들이었다. 그들은 예수님의 부활을 보고 부활에 대한 확신이 있었지만 여전히 초라한 제자였고 무능한 제자였고 무지한 제자였다.

예수님의 제자 12명 중에 7명이 어부였다. 베드로는 예수님을 세 번이나 부인한 자다. 도마는 의심 많은 자였고, 빌립은 머리만 앞선 자였으며, 시몬은 이스라엘이 로마로부터 정치적으로 독립하기를 바라는 열심당원이었고, 마태는 로마의 앞잡이 세리였다. 세상적으로 어디 인물이 될 만한 사람은 아무도 없었다. 예수님은 이들을 기대하고 약속하신 성령이 부어지길 기다리라고 하셨다.

당신이 평범한 자인가? 당신이 세상적으로 볼 때 뭐 특별히 내세울 것이 없는가? 돈이 없는가? 학력이 없는가? 실력이 없는가? 건강이 없는가? 당신의 뒤를 봐줄 백이 없는가? 제자들이 그랬다. 그런데 예수님은 그 제자들에게 기대를 거셨다. 예수님은 오늘 당신에게 기대를 걸고 있다. 제자들이 성령 충만하자 모든 것이 달라졌다. 당신도 성령 충만하면 모든 것이 달라진다.

하나님은 성령으로 충만한 자를 쓰신다. 하나님은 마지막에 성령을 부어주시길 원하신다. 당신이 하나님께서 약속하신 성령을 환영하고 사모하여 성령 충만하길 바란다. 당신이 아무리 예수를 믿어도 자기로 충만하면 사람 냄새만 날 뿐이다. 당신이 아무리 예수를 오래 믿었다고 해도 세상 충만하면 세상 냄새만 날 뿐이다. 당신 삶을 탁월하게 만들어 줄 방법은 성령으로 충만하게 하는 것이다.

그러면 어떻게 하면 성령 충만하게 되는가? 성령으로 충만해지는 것은 어려운 것이 아니다. 예수님은 분명히 구하는 자에게 성령을 주시겠다고 약속하였다.

"너희가 악할지라도 좋은 것을 자식에게 줄 줄 알거든 하물며 너희 하늘 아버지께서 구하는 자에게 성령을 주시지 않겠느냐 하시니라"(눅 11:13).

미국에 베스트셀러 작가이며 350개 텔레비전 방송과 250개의 라디오 방송에 출연하고 있는 조이스 마이어 목사의 글이다.

나는 여기저기 바쁘게 사역을 하고 살았습니다. 나는 그저 하나님을 섬기는 시늉만 하며 살았습니다. 삶에 무엇인가가 빠진 것 같았습니다. 나는 영적으로 너무 허기진 삶을 살고 있었습니다.

나는 하나님에 대한 갈증이 생겼습니다. 그래서 영적인 것은 무엇이든지 읽고 닥치는 대로 삼켰습니다. 영적인 배고픔이 극에 달했습니다. 하나님에게 이렇게 기도했습니다.

"하나님, 뭔가 잃어버린 것 같습니다. 뭔지는 모르겠습니다. 그렇지만 분명히 무엇인가 잃어버렸습니다."

오직 모든 것을 내려놓고 하나님만 구했습니다. 놀랍게도 차 안에서 성령 하나님의 부으심을 경험하였습니다. 과거에는 한 번도 경험하지 못한 일이었습니다. 마치 누군가 사랑의 물을 쏟아붓는 것 같았습니다. 그렇게 3주 동안 성령 하나님과 사랑에 푹 빠졌습니다. 그리고 행동에 변화가 생겼습니다. 평화롭고 행복했으며 모든 것이 감격스러웠습니다. 누구든지 다 사랑할 수 있게 되었습니다. 모든 것이 다 달라져 보였습니다. 하나님을 섬기는 시늉만 하다 성령 하나님과 동행하였습니다. 그 후 지혜가 생겼습니다. 성경이 달리 보였습니다. 말이 달라졌습니다. 사람들이 몰려오기 시작하였습니다. TV에도 출연하여 매일 말씀을 전하는 자가 되었습니다.

예수님은 십자가에 죽으시고 부활하셔서 제자들에게 가장 중요한 성령님을 기다리라고 말씀하셨다. 제자들은 예수님의 말씀대로 성령님을 사모하고 기다렸다. 예수님의 십자가의 죽으심과 부활의 결론은 성령님이시다. 초대교회 120명의 성도는 모두 성령을 받은 자들이었다. 그들은 모두 성령님을 경험한 자들이고 날마다 성령을 사모하는 자들이었다. 당신도 날마다 성령을 환영하고 사모하는 자들이 되길 바란다. 성령님을 간절히 구하고 성령님을 환영하는 자에게 성령을 충만하게 부어주신다.

제자들과 120명의 초대교회 성도들이 다락에 모여 무엇을 하였는가? 예수님의 마지막 유언, 아버지의 약속하신 것을 기다리라고 하였기에 그들은 마가의 다락방에 모여 아버지의 약속하신 성령을 기다리면서 간절히 기도하였다.

"여자들과 예수의 어머니 마리아와 예수의 아우들과 더불어 마음을 같이하여 오로지 기도에 힘쓰더라"(행 1:14).

"오로지 기도에 힘쓰더라"는 말에서 '오로지'는 '계속'이라는 말이다. 즉 그들은 계속 성령이 부어지도록 기도하였다. 오늘날 교회 교인들이 가장 큰 문제는 자신이 텅 빈 껍데기라는 것을 모르는 것이다. 성령이 없는 그리스도인은 잠자는 그리스도인이다. 예수님께서 분명 예수를 믿는 자는 예수님이 하신 일도 할 뿐만 아니라 예수님보다 더 큰 일도 하리라고 하셨는데 예수님보다 큰일은커녕 살아 존재하기도 힘들어하니 이거 정말 문제가 있는 것 아닌가? 예수님이 거짓말하셨는가? 무엇이 문제인가?

교인은 분명 교인인데 성령 충만하지 않은 것이 문제다. 당신은 예수님을 믿는가? 그렇다면 이제 성령으로 충만해야 한다. 성령은 마지막 때에 모든 믿는 자에게 주신다고 아버지께서 약속하신 것이다. 그 약속하신 성령을 받기 바란다.

디엘 무디는 초등학교밖에 나오지 않은 평범한 자였다. 그러나 그가 성령 충만하자 미국에서 가장 크게 쓰임받는 목회자가 되었다. 스텐리 존스 목사는 "성령님의 채우심이 없으면 인간은 반드시 실패한다"고 말했다. 성령 충만을 사모하고 구하라.

하나님은 당신을 향해 위대한 삶을 계획해 놓으셨다. 하지만 당신이 여전히 내가 주인 되어 내 힘과 노력으로만 살면 원래 하나님이 당신을 향해 계획하셨던 하나님의 계획이 드러나지 않는다. 베드로, 바울, 마틴 루터, 요한 웨슬레, 디엘 무디, 조지 뮬러, 허드슨 테일러, 이런 사람들만 위대한 삶을 살도록 하나님께서 계획하셨는가? 하나님은 당신에게도 그들과 동일한 놀라운 삶을 계획하고 계신다. 지금 당신을 향한 하나님의 계획은 독특하고 특별하다. 당신의 삶은 결코 자질구레하거나 초라하게 살도록 계획되지 않았다. 당신도 베드로처럼, 바울처럼 비범하고 탁월한 삶을 살도록 지음받았다.

당신이 하나님을 정말 아버지로 부르고 싶은가? 그렇다면 반드시 성령 충만해야 한다.

"너희가 아들이므로 하나님이 그 아들의 영을 우리 마음 가운데 보내사 아빠 아버지라 부르게 하셨느니라. 그러므로 네가 이 후로는 종이 아니요 아들이니 아들이면 하나님으로 말미암아 유업을 받을 자니라"(갈 4:6-7).

예수를 나의 주인으로 모시면 예수의 영이 우리 마음에 계시게 된다. 삼위일체 하나님은 우리가 예수를 주인으로 모실 때 성부 성자 성령님이 동시에 우리 안에 들어와 계신다. 그러나 그 예수의 영이 있는 둥 마는 둥 해서는 안 된다. 예수의 영이 충만해야 한다. 그것이 성령 충만이다.

사도 바울은 "오직 성령으로 충만함을 받으라"(엡 5:18)고 말한다. 디엘 무디는 "우리는 깨어진 그릇이다. 그러므로 날마다 수도꼭지 아래 두어야 충만해진다"라고 말하였다. 성령 충만은 한 번으로 되는 것이 아니라 날마다 성령으로 충만해야 한다. 성령 충만을 가볍게 여기지 말라. 성령 충만하지 않으면 예수님을 주시라 할 수도 없고 진정한 그리스도인이 될 수도 없다.

"만일 너희 속에 하나님의 영이 거하시면 너희가 육신에 있지 아니하고 영에 있나니 누구든지 그리스도의 영이 없으면 그리스도의 사람이 아니라"(롬 8:9).

정말 그리스도인답게 살 수 있도록 만들어주는 것은 성령님이시다. 당신이 예수를 믿기 원한다면 반드시 성령으로 충만해야 한다.

성령 충만을 원하는데 성령이 부어지지 않는가? 그래서 120명의 성도가 함께 기도한 것이다. 같이 기도하면 된다. 부부가 함께 기도하고 가족이 함께 기도하고 교우들이 함께 성령 충만을 구하라. 성령은 구하는 자에게 부어주신다. 마가의 다락방에 120명의 성도가 모여 계속 기도를 한다는 것은 어려운 일이다. 마가의 집이 아무리 커도 120명이 한집에서 계속 먹고 자고 기도한다는 것은 여간 불편한 것이 아니다. 예수님은 언제까지 기도하라며 시간을 정해주시지 않았다. 그냥 성령을 받을 때까지 예루살렘을 떠나지 말고 계속 기도하라고 하셨다.

당신은 한두 번 성령을 구하다가 포기하였는가? 성령을 충만하게 부어주실 때까지 끝까지 기도하기 바란다. 한두 번 기도하다가 포기하지 않기 바란다. 사탄은 우리를 세상의 일에 바쁘게 하여 기도하지 못하게 한다. 사탄은 여기저기 연락이 와서 기도하지 못하게 방해를 한다. 사탄은 시시한 잡무에 빠져 기도하지 못하게 막는다. 성령이 충만하게 부어질 때까지 끝까지 기도하라. 초대교회 교인들이 성령이 부어질 때까지 끝까지 기도하자 성령이 임하였다.

그들에게 성령이 임하자 두려움이 사라졌다. 성령이 임하자 염려, 근심, 걱정이 모두 사라졌다. 성령이 임하자 담대한 자들이 되었다. 성령이 임하자 능력의 사람이 되었다. 성령이 임하자 정말 보잘것없고 초라한 제자들이 40년 된 앉은뱅이를 일으키고 병든 자를 치유하고 귀신을 쫓아내며 죽은 자가 살아나고 심지어 베드로의 그림자만 밟아도 병이 낫는 일이 일어났다.

그들은 성령이 임하기 전에는 간신히 살아가는 자들이었는데 지금은 기적을 일으키는 자로 담대한 자로 살기 시작하였다. 예수를 믿는다고 하면서도 염려, 근심, 걱정, 두려움에 빠져 초라한 삶을 사는 자에게는 성령으로 충만하게 되는 것이 필요하다. 세상의 모든 것을 다 가졌다 하더라도 성령이 부어지지 않았다면 실패한 인생을 살고 있는 것이다. 비록 당신이 세상의 모든 것을 다 잃었다 하더라도 성령이 부어진다면 위대한 인생을 살 것이다. 하나님은 약속하신 것은 반드시 지키신다.

"또 약속하신 이는 미쁘시니 우리가 믿는 도리의 소망을 움직이지 말며 굳게 잡고"(히 10:23).
"하나님은 사람이 아니시니 거짓말을 하지 않으시고 인생이 아니시니 후회가 없으시도다. 어찌 그 말씀하신 바를 행하지 않으시며 하신 말씀을 실행하지 않으시랴"(민 23:19).

하나님은 사람이 아니시니 약속하신 말씀을 반드시 지키신다. 하나님께서 약속하신 성령을 구하기 바란다.

미국 뉴저지에 집회를 갔다가 뉴욕에 있는 브루클린 교회에 갔었다. 그곳에는 짐 삼발라 목사가 목회하고 있었다. 아침 9시 예배인데 일찍부터 교회 앞에 사람이 가득하였다. 찬양 1시간, 설교 1시간, 약 2시간 30분 예배를 드리는데 얼마나 행복해하는지 모른다. 예배를 마치고 나오는데 다음 예배에 참석하기 위해 마치 유명한 음식점에 줄 서서 기다리듯 온 도로에 교인들이 줄을 서서 기다리고 있었다.

짐 삼발라 목사를 소개한다면 그는 그냥 너무나 평범한 사람이었다. 목사인 장인어른이 뉴욕 빈민가에 있는 브루클린 교회에 가서 예배를 도우라고 해서 4주 갔는데 그곳 목사가 사임하고 말았다. 교인 20명에 렌트비도 내지 못하는 목회에 지쳐 떠나가 버린 것이다. 장인과 의논했더니 교회는 문을 닫으면 안 된다며 자신에게 그 교회를 섬기라고 하였다. 정말 황당한 말이었다. 그는 목회자가 아니라 중학교 농구 코치였다. 신학교도 다닌 적이 없는 자신에게 목회를 하라니…. 장인 말씀에 순종하여 그 교회를 섬겼다. 낮에는 일을 하고 밤에는 신학교를 다녔다.

어느 주일날 저녁예배에 설교를 시작한 지 5분이 채 못 되어 목이 메기 시작하였다. 설교를 계속할 수가 없었다. 눈물이 솟아나고 큰 감동이 밀려왔다. 피아노 치는 사모에게 계속 피아노를 치라고 한 후 교인들에게 말했다.

"죄송합니다. 나는 계속 설교를 할 수가 없습니다. 그냥 설교를 계속할 수가 없습니다."

그런 후 교인들에게 강단으로 나와 같이 기도하자고 부탁했다.

교인들은 그의 부탁대로 강단으로 나와 기도하였다. 그는 강단에 얼굴을 파묻고 울었다.

"하나님께서 도우시지 않으면 나는 아무것도 할 수 없습니다."

그때 성령님이 임하였다. 교인들도 큰 소리로 하나님 우리를 도우소서 하고 기도하였다. 갑자기 한 젊은 집사가 강단으로 뛰어나와 엎드려 울며 기도했다. 짐 목사가 그 젊은이의 어깨에 손을 대자 그는 눈물이 범벅이 된 채 얼굴을 들었다.

"죄송합니다. 다시는 그러지 않겠습니다."

그는 자신이 헌금에 손을 댄 것을 회개하였다. 이것이 브루클린 교회에서 일어난 최초의 성령의 역사였다.

그 후 교회는 20명에서 40명으로 늘어났다. 짐 목사는 지독한 감기에 걸려 6주나 계속 기침을 하였다. 밤에도 계속 기침을 하니 사모도 잠을 이룰 수가 없었다. 장인이 비행기 표를 보내주면서 휴양지에 와서 좀 쉬라고 하였다. 짐 목사는 비행기를 타고 휴양지에 가서 배를 타고 쉬고 있었다. 주위에 다른 사람들은 낚시하고 있을 때 혼자 간절히 기도하였다.

"주여, 나는 어떻게 목회를 해야 할지 알지 못합니다. 저는 아는 것도 없습니다. 우리 교회 주위에는 마약으로 죽어가는 자들이 가득합니다."

눈물에 목이 메었다. 그때 조용히 성령님이 임하였다. 그 후 짐 목사는 화요 기도회를 시작하였다. 교인 150명일 때 기도회는 100

명씩 나왔다. 그가 성령님을 의지하며 목회를 하자 수많은 사람이 교회에 와서 은혜를 받고 변하기 시작하였다. 그 무능하고 무력한 목회자였던 그를 통해 지금은 뉴욕 빈민가에 만 명이 넘게 모여 예배를 드린다. 성령 하나님을 의지하는 자는 평범한 사람이라도 위대한 일을 하게 된다. 짐 목사는 평범한 사람이었지만 그가 성령으로 충만하자 놀라운 일을 하게 되었다.

짐 목사를 쓰신 하나님은 당신을 쓰길 원하신다. 왜 그리스도인들이 무미건조한 신앙생활을 하는가? 성령님과 동행하면 모든 무미건조한 신앙생활에 마침표를 찍게 될 것이다. 지금 당신의 삶이 어려운가? 낙심하지 말라. 절망하지 말라. 당신에게는 성령 충만한 삶이 기다리고 있다. 매 순간 성령의 도움을 구하는 성령 충만한 삶을 살라.

사도행전에 나오는 초대교회 교인들처럼 진짜 능력 있는 그리스도인이 될 것이다. 초대교회는 아무런 돈도 건물도 시설도 조직도 없었다. 지도자인 열두 제자는 온통 세상과 맞서 싸울만한 화이트칼라가 아니었다. 그들 중 7명이 어부였고 대부분 초라한 노동자들이었다. 그들이 모든 족속을 제자 삼고 땅끝까지 복음을 전하라는 예수님의 그 엄청난 비전을 이룰 수 있는 확률은 제로였다. 그래서 그들은 무조건 성령님의 도움을 구하였다. 그들이 간절히 성령님을 구하자 성령이 부어졌고, 그 후 매사에 성령의 도움을 구하며 살자 놀라운 일들이 일어나기 시작하였다.

지금도 똑같다. 우리는 내 능력을 내려놓고 성령을 의지해야 한다. 그럴 때 놀라운 일들이 일어날 것이다. 성령의 도움을 구하는 자에겐 하나님의 그 무한대의 은혜가 그에게 부어질 것이다.

R. A. 토레이 목사는 "나는 아침에 일어나자마자 성령 충만을 위해 기도한다. 왜냐하면 성령 충만하지 않고는 오늘 하루 나는 너무나 쉽게 흔들릴 수 있는 사람이기 때문이다"라고 하였다. 우리도 아침에 세수할 때 성령으로 세수해야 한다. 우리도 하루를 마치고 샤워할 때 성령으로 샤워해야 한다. 그러면 놀라운 삶이 될 것이다. 당신이 예수를 믿는가? 예수님을 주인으로 모셨는가? 그렇다면 반드시 성령 충만을 받아야 한다. 왜 예수님은 제자들에게 그토록 성령 충만을 강조하셨는가? 제자들이 무기력한 채로 살면 하나님 손해이기 때문이다. 우리는 우리의 것이 아니다. 예수님을 믿는 순간 하나님의 것이 되었다. 그러므로 우리는 무능하게 살 수 없다.

오늘 성령 충만하여 능력 있는 인생을 살기 바란다. 오늘 당신이 성령 충만하기 위해 기도하라. 예수님이 그토록 원하시는 성령 충만을 구하라. 하나님은 우리를 만나고 싶어 하신다. 문제는 우리가 하나님을 만날 마음이 있느냐는 것이다. 우리 마음에는 세상 것들이 가득 차 있다. 틈만 나면 돈을 원하고 세상의 성공을 원하고 내 욕심을 채우길 원한다. 우리에게는 하나님이 들어 올 여지가 전혀 없다. 하나님은 우리에게 말씀하신다.

"네가 정말 나를 간절히 만나려고 한 적이 있느냐? 너는 한 번이라도 나를 정말 만나려고 하였느냐?"

우리가 하나님을 만나려고 하면 하나님은 언제든지 우리를 만나주신다.

"하나님을 가까이하라. 그리하면 너희를 가까이하시리라"(약 4:8).

"나를 사랑하는 자들이 나의 사랑을 입으며 나를 간절히 찾는 자가 나를 만날 것이니라"(잠 8:17).

오늘 세상을 향한 모든 헛된 욕망을 내려 내려놓고 하나님을 만나려고 하는 강한 갈증이 회복되길 바란다. 성령님은 우리의 모든 것을 가르쳐주기 원하시고 우리의 연약함을 도와주기 원하신다. 제발 예수 믿는다고 하면서 하나님에 대해 아는 자로만 살지 않길 바란다. 애벌레와 나비의 삶은 완전히 다르다. 애벌레는 흙 속에 뒹굴며 기어 다니는 삶을 산다. 그러나 그 애벌레가 변하여 나비가 되면 흙을 떠나 하늘을 훨훨 날아다닌다. 우리는 성령 충만하여 성령의 능력으로 마치 애벌레가 흙을 떠나 하늘을 나는 것처럼 훨훨 나는 사는 삶을 살아야 한다.

하나님은 우리에게 성령의 능력을 부어주기 원하신다. 오늘 내 힘으로 사는 삶을 청산하고 성령의 능력으로 사는 것을 시작하라.

오늘 성령으로 새롭게 시작하라. 오늘 당신이 머물고 있는 장소가 오순절 날 성령이 임한 마가의 다락방이 되게 하라. 오늘 돈을 의지하고 사는 무력한 그리스도인을 청산하고 성령을 의지하고 사는 생명이 넘치는 그리스도인이 돼라.

이제 사복음서에서 말하는 축복만 바라지 말고 사복음서를 뛰어넘어 사도행전적인 삶을 사는 성령 충만한 사람이 돼라. 예수에게 복받기만 하려고 하지 말고 예수를 위해 죽는 자가 돼라. 잊지 말라. 당신은 혼자가 아니다. 당신의 연약함을 도우시는 성령님이 지금 함께 하신다. 당신은 성령님과 함께 무엇이든 할 수 있다.

> "성령의 채움을 얻기 위해서는 먼저 비움이 선행되어야 한다."
> _토저

# 예수의 영이신 성령으로 충만하라

1.  예수님이 십자가를 지시기 전에 제자들에게 강조하신 것이 무엇입니까?

    (요 14-16장)

2.  보혜사의 뜻이 무엇입니까?

3.  성령 충만을 받는 비결이 무엇인가요? (눅 11:13)

4.  왜 예수님은 그토록 제자들에게 성령 충만을 강조하셨습니까?

5. 당신에게는 성령이 계십니까? (갈 4:6-7)

6. 당신에게 성령이 계신다면 이제 성령으로 충만함을 받으십시오. (엡 5:18)

   다 같이 성령 충만을 위해 기도하는 시간을 가져봅시다.

7. 매일 일상생활에서 성령과 동행하십시오.

"

주인을 예배해야 한다 / 주인의 마음을 알아야 한다 / 주인과 대화해야 한다
주인의 음성을 들어야 한다 / 주인의 음성에 순종해야 한다
주인과 동행해야 한다 / 예수가 주인이 된 자는 주인을 기쁘시게 해야 한다.

"

# 예수가 주인인 자는
# 어떻게 살아야 하는가?

# 예수가 주인인 자는
# 주인을 예배해야 한다

바울은 로마서 1~11장까지 믿음으로 의인이 된다는 교리를 말하고, 로마서 12~16장까지 믿음으로 의인이 된 자의 삶의 실천을 소개한다. 믿음으로 의인이 된 자는 어떻게 살아야 하는지 로마서 12장에서 소개하는 첫 번째가 바로 예배드리는 것이다.

"그러므로 형제들아 내가 하나님의 모든 자비하심으로 너희를 권하노니 너희 몸을 하나님이 기뻐하시는 거룩한 산 제물로 드리라. 이는 너희가 드릴 영적 예배니라"(롬 12:1).

바울은 단지 일주일에 한 시간 예배드리는 예배를 말하지 않고 삶 전체가 예배가 되어야 함을 말한다. 말 한마디도 예배가 되어야 하고 걸음걸이 하나도 예배가 되어야 한다. 예수님을 주인으로 모시고 사는 자의 삶은 삶 전체가 다 예배가 되어야 한다. 삶이 다 예배가 되어야 한다는 것은 매사에 모든 일에 하나님께 초점이 맞추어지는 삶을 살아야 함을 말한다. 삶이 예배가 되려면 제일 먼저 공적인 예배를 소중히 여겨야 한다.

일주일 내내, 하루 24시간 내내 예배드리는 삶이 중요하다고 말하면서 공적인 예배에 참석하지 않는 자가 있다면 그의 신앙은 점점 약해져서 결국 삶의 예배도 드리지 못하게 된다. 이것이 인간의 연약함이다. 그러므로 삶의 예배를 드리려고 하는 자는 반드시 공적인 예배를 드리면서 그 힘으로 삶의 예배를 드려야 한다.

바울이 믿음으로 의인된 자의 삶을 소개할 때 제일 먼저 소개한 것이 삶의 예배라 하여서 공적 예배를 소홀히 하면 안 된다. 항간에 삶의 예배를 강조하여 교회가 예배는 대충 드리고 사회 운동에 앞장서거나 사회봉사를 우선시하는 것은 또 다른 문제를 낳는다. 그것은 예수 믿지 않는 사람도 얼마든지 할 수 있는 것이다. 예수 믿는 자는 그 안에 예수님이 계신다. 우리의 최고 우선순위는 하나님이시다. 그분을 높이고 그분을 예배하는 것이 가장 우선순위이고 제일 먼저 해야 할 일이다.

예수님은 예배의 대상을 분명히 하셨다. 예수님은 광야에서 40

일 금식하신 후에 사탄이 나타나 천하 만국을 보여 주면서 자신에게 절하면 모든 것을 주겠다고 하였을 때 "주 너의 하나님께 경배하고 다만 그를 섬기라"(마 4:10)고 하시면서 사탄의 유혹을 물리쳤다. 우리에게 가장 중요한 것은 하나님께 예배드리는 것이다. 예배는 하나님을 높이는 것이다. 예배는 하나님께 집중하는 것이다. 예배의 주인공은 하나님이시다. 예배는 우리의 유익을 위해 드리는 것이 아니다. 예배는 하나님의 유익을 위해 우리의 모든 것을 드리는 것이다.

요한복음 21장에 보면 예수님을 버리고 옛 직업으로 돌아가 버린 베드로가 나온다. 예수님은 베드로에게 나타나셔서 말씀하셨다. "네가 날 사랑한다면 내 어린 양을 먹이라." "네가 날 사랑한다면 내 양을 치라." "네가 날 사랑한다면 내 양을 먹이라." 예수님은 거듭 베드로에게 3번이나 '네가 날 사랑한다면' 이라는 말씀을 먼저 하셨다. 예수님을 사랑하지 않으면 어린 양을 먹일 수 없다. 먼저 예수님을 사랑하면 어린 양을 먹일 수 있는 힘이 생긴다. 어린 양을 먹이는 사역이 우선이 아니라 예수님을 사랑함이 우선이다.

최근 한국교회는 세월호 침몰 사건 이후에 예수 믿는다고 하면서 삶의 열매가 없는 것에 대한 강한 반성이 생겼다. 하지만 그 반성이 자칫 잘못되어 예배를 등한시하고 삶의 열매만 강조한다면 이것은 더 큰 문제를 낳는다. 이것은 세상 종교를 믿는 자들과 비슷해지거나 같아지는 것이다. 사회봉사나 사회 운동은 불신자들도 하고 이방 종교를 믿는 자들도 한다. 삶의 열매가 중요하지만 행위로 구원을 받을 수 있는 자는 아무도 없다. 예수님을 구세주로 모시고 예수님을 주인으로 모신 자는 저절로 삶의 열매가 나타나는 것이지 그 삶의 열매가 우리를 구원할 수는 없다.

한 율법학자가 예수님을 찾아와서 세상 최고의 계명이 무엇이냐고 물었을 때 예수님은 하나님을 사랑하는 것이라고 말씀하셨다.

"예수께서 이르시되 네 마음을 다하고 목숨을 다하고 뜻을 다하여 주 너의 하나님을 사랑하라 하셨으니 이것이 크고 첫째 되는 계명이요"(마 22:37-38).

하나님을 사랑하는 것, 즉 하나님을 예배하는 것이 우리 인간을 만드신 하나님의 첫 번째 목적이다. 우리는 하나님을 예배하기 위해 태어났다. 하나님께서 애굽에서 430년 동안 종살이하고 있는 이스라엘 백성을 출애굽시킨 최고의 이유는 그들이 예배드리게 하기 위함이었다.

"그들이(모세와 아론) 이르되 히브리인의 하나님이 우리에게 나타나셨은즉 우리가 광야로 사흘길쯤 가서 우리 하나님 여호와께 제사를 드리려 하오니 가도록 허락하소서"(출 5:3).

하나님은 우리에게 예배받기를 원하신다. 예수님을 주인으로 삼을 우리는 제일 먼저 그분을 예배해야 한다. 예배의 가장 큰 오해는 우리의 유익을 위해 예배드리려고 하는 것이다. 그래서 어떤 이는 설교시간에만 참석하는 자도 있다. 그는 하나님께 찬양드리는 것이나 하나님께 자신의 시간을 드리는 것에는 관심이 없다. 하나님은 참으로 영과 진리로 예배드리는 자를 찾고 계신다.

> "아버지께 참되게 예배하는 자들은 영과 진리로 예배할 때가 오나니 곧 이때라. 아버지께서는 자기에게 이렇게 예배하는 자들을 찾으시느니라"(요 4:23).

만약 하나님을 향한 예배가 살아 있지 않다면 그 모든 행위는 다 걸레조각과 같은 것이다.

> "그런즉 우리는 몸으로 있든지 떠나든지 주를 기쁘시게 하는 자가 되기를 힘쓰노라"(고후 5:9).

예수님을 주인으로 모신 종은 자신을 기쁘게 하기 위해 살면 안 된다. 종은 자신의 의를 쌓기 위해 살면 안 된다. 종은 자신의 행위로 인해 사람들에게 칭찬받기 위해 살면 안 된다. 종의 관심은 주인을 높이고 주인을 기쁘게 하는 것이다.

당신이 예수님을 주인으로 모신 자라면 제일 먼저 그분을 예배하라. 그리고 그분을 기쁘시게 하기 위해 삶의 모든 것을 다 드리라. 그것이 삶의 예배다.

## 예수가 주인인 자는
## 주인의 마음을 알아야 한다

바울은 로마서 12장 1절에 믿음으로 의인된 우리는 삶의 예배를 드림이 가장 중요한 우선순위이고 그 다음이 로마서 12장 2절에서 하나님의 뜻을 알아야 함을 말한다.

"너희는 이 세대를 본받지 말고 오직 마음을 새롭게 함으로 변화를 받아 하나님의 선하시고 기뻐하시고 온전하신 뜻이 무엇인지 분별하도록 하라."

믿음으로 의인이 되었다면 반드시 하나님의 뜻이 무엇인지 알아야 한다. 그 하나님의 뜻을 가장 잘 알 수 있는 것이 바로 성경이다. 성경은 우리의 주인이신 하나님의 마음을 잘 표현해주고 있다.

모세오경은 하나님을 주인으로 모시고 그분을 예배하고 경배하고 살라는 것이다. 모세오경의 핵심은 십계명이다. 모세오경은 십계명을 풀어놓은 것이다. 십계명은 1계명에서 4계명까지는 하나님을 사랑하라는 것이고 5계명에서 10계명까지는 사람을 사랑하라는 것이다.

모세오경 중에 가장 중요한 책은 레위기다. 레위기는 하나님을 예배하는 것이 주제다. 우리의 주인이신 하나님을 예배하지 않는 것이 죄다. 사사기는 우리의 주인이신 하나님 없이 자기가 주인이 되어 사는 자들의 삶이고, 열왕기는 사람이 왕이 되어 사는 삶의 혼돈을 나타내며, 선지서는 사람이 왕이 되어 사는 삶에서 돌아와 다시 하나님을 예배하라고 말한다. 신약에서는 예수님을 왕으로 모시고 하나님과 관계를 회복하라고 한다. 성경 전체를 아는 것이 중요하다. 성경 전체를 보지 않고는 우리 주인이 되신 예수님의 마음을 알 수 없다. 그래서 예수님을 주인으로 모시고 사는 자는 신구약 성경 전체를 읽고 성경 전체를 알아야 한다.

**성경을 읽는 방법은 두 가지다.**

첫 번째로 성경 전체를 통독하는 것이다. 신구약 66권을 통째로 읽어야 한다. 전체 숲을 보지 않고 부분만 파고드는 것은 아주 위험하다. 성경 66권은 가능하면 한 권씩 한 장소에서 한 번에 읽는 것이 좋다. 예를 들어 마태복음 읽는다면 매일 세 장씩 읽는 것보다 총 28장을 한 번에 주욱 다 읽는 것이다. 처음에는 많은 시간이 들겠지만 두 번째는 좀 더 빠르게 읽게 되어 있다. 세 번째는 훨씬 더 빠르게 읽게 된다. 이렇게 마태복음 전체를 세 번 정도 읽으면 마태복음 전체 내용이 쉽게 눈에 들어온다.

로마서를 읽는다면 로마서 16장을 한 번에 읽어야 한다. 그리고 다시 로마서를 한 번에 다 읽기를 두 번 더 하면 로마서의 전체 구조와 전체 내용이 머리에 쏙 들어온다. 그렇게 세 번을 읽으면 로마서가 두 부분으로 나누어져 있음을 알게 된다. 1~11장은 믿음이라는 교리를 다루고 12~16장은 그리스도인의 삶에 대해 이야기한다. 이렇게 한 장소에서 한 번에 다 읽을 때 성경 각 권을 기록한 이유를 알게 된다. 특히 바울이 쓴 서신서는 편지이므로 더더욱 한 번에 읽어야 한다.

갈라디아서는 총 여섯 장이므로 30분이면 한 번에 다 읽게 된다. 만약 한 자리에서 갈라디아서를 세 번 읽으면 갈라디아서의 주제(믿음으로 구원을 얻는다)가 머리에 그려질 것이며 핵심 단어인 '자유'가 떠오를 것이다. 편지를 며칠씩 읽는 사람은 아무도 없다. 한 번에 다 읽어야 전체 내용을 파악하게 된다. 그렇게 하면 성경이 어렵지 않다.

성경 한 구절을 보고 이해하려면 많은 설명이 필요하다. 하지만 성경 전체 속에서 한 구절을 보면 그 구절은 쉽게 이해된다. 이것이 성경 전체를 읽는 유익이다. 많은 이단이 성경 전체를 보지 않고 한 두 구절을 자기 나름대로 해석해서 큰 오류에 빠진다. 숲을 못 보고 나무만 관찰하는 것은 어리석은 일이다. 우리는 성경 전체를 통해 우리 인생의 주인이신 하나님께서 우리에게 무엇을 원하시는지 알아야 한다. 성경을 한 장씩 읽거나 부분적으로 읽기 전에 꼭 성경 전체를 몇 번 읽기 바란다.

한번은 요나서를 30분 만에 한 번 읽고 계속해서 세 번을 보았다. 요나서는 총 네 장으로 되어 있으므로 마음만 먹으면 금방 읽을 수 있다. 요나서를 다 읽은 후 내 마음에 큰 함성이 들리는 듯했다. 그것은 요나서 마지막 장 마지막 절이었다.

> "하물며 이 큰 성읍, 니느웨에는 좌우를 분변치 못하는 자가 십이만 여명이요 육축도 많이 있나니 내가 아끼는 것이 어찌 합당치 아니하냐"(욘 4:11, 개역한글).

이 말씀은 하나님이 니느웨 사람들을 심판하시지 않고 용서하신 것에 분을 내고 있는 요나에게 하신 말씀이다. 요나서는 이 말씀으로 막을 내린다. 저자의 설명도 요나의 말도 덧붙이지 않는다. "내가 아끼는 것이 어찌 합당치 아니하냐" 이 하나님의 음성은 큰 북소리보다 크게 요나서 마지막에 울렸다. "내가 아끼는 것이 합당치 아니하냐"하는 하나님의 말씀이 내 마음을 강타했다. 그 말씀은 계속 내 귀를 떠나지 않았다. 나는 이 말씀으로 선교에 대한 부담이 더 크게 생겼다. 이렇게 한 권을 선택해서 끝까지 읽으면 자신이 이전에 느끼지 못했던 우리를 향한 하나님의 마음을 새롭게 알게 될 것이다.

성경 통독은 일 년에 한 번 정도 하면 좋다. 나이에 맞게 통독을 하면 좋다. 지금 나이가 서른이면 적어도 성경 삼십 번은 통독해야 한다. 그래야 나이가 들수록 하나님의 뜻을 더 많이 알아간다.

두 번째로 매일 성경의 일부분을 읽고 큐티를 하는 것이다.

큐티는 먼저 성경의 각 권 중 한 권을 선택하여 처음부터 차례로 조금씩 읽어가는 것이다. 예를 들면 요한복음을 선택했으면 오늘은 요한복음 1장 1~10절, 그다음 날은 요한복음 1장 11~20절 이런 식으로 하루에 한 문장이나 한 단원을 읽고 그 부분을 묵상하는 것이다. 이런 큐티는 한 부분을 깊이 묵상할 수 있다는 장점이 있다.

묵상의 방법은 한 부분을 세 번 정도 정독하고 그다음 교훈을 찾고 그다음 내가 찾은 교훈을 내 삶에 적용하는 것이다. 큐티의 유익은 내가 찾은 하나님의 교훈을 내 삶에 직접 적용하여 내 삶을 하나님이 원하시는 대로 바꾸는 것이다. 즉 큐티는 내 삶의 주인이신 그분의 뜻대로 살게 한다.

큐티는 매일 아침 말씀을 읽고 묵상하는 것이 좋다. 이런 말이 있다. "No reading, No breakfast." 하나님의 말씀을 먹지 않으면 아침을 먹지 않겠다는 결심이다. 성경 읽는 것은 버릇이 되어야 한다. 무엇보다도 우리의 주인이신 그분이 말씀하신 성경 읽는 것을 즐겨야 한다. 링컨의 어머니는 죽을 때 링컨에게 성경 한 권을 주며 이렇게 유언하였다.

"부자나 위인이 되기보다 성경 읽는 것을 즐기는 사람이 돼라."

링컨은 초등학교도 나오지 않았지만 성경을 가까이하여 미국 대통령까지 되었다. 이 세상에 가장 힘 있는 사람은 온 우주의 주인이신 그분의 마음을 가장 잘 아는 자다. 우리는 성경을 읽을 때 내 생각을 많이 하기보다 주인의 생각을 받아들이는 것이 더 중요하다.

## 예수가 주인인 자는
## 주인과 대화해야 한다

주인과 대화하지 않는 종은 없다. 예수님은 새벽 미명에 습관을 따라 하나님과 대화하는 기도 시간을 가졌다. 우리도 예수님처럼 기도하는 시간을 가져야 한다. 기도는 예수님을 주인으로 모신 자의 의무인 동시에 특권이다. 온 우주의 주인이신 그분과 대화할 수 있는 것은 아무나 할 수 있는 일이 아니라 예수님을 주인으로 모신 자만이 할 수 있는 특권이다. 예수님은 하늘과 땅의 모든 권세를 다 가지고 계신다. 당신의 인생에 어려움이 생겼는가? 염려하지 말고 당신의 주인이 되신 그분께 기도하라. 염려할 시간이 있는가? 그 시간에 기도하라. 걱정 목록을 기도 목록으로 바꾸라.

누가복음 11장에 보면 예수님의 제자들이 공식적으로 예수님에게 기도에 대해 가르쳐달라고 요청하였다. 그 질문에 예수님은 주기도문을 가르쳐주셨다. 제자들은 기도에 대한 세상 최고의 명강의를 듣고도 기도하지 않았다. 그래서 누가복음 18장에서 예수님은 항상 기도하고 낙망하지 말 것을 다시 가르치셨다. 그러나 그들은 기도하는 삶을 살지는 않았다. 누가복음 22장에서는 예수님께서 십자가에 달리시기 전 마지막으로 감람산에서 간절히 기도하고 계셨다. 예수님은 곧 닥칠 위기를 아시고 제자들에게 유혹에 빠지지 않도록 기도하라고 부탁하였으나 그들은 곤히 잠이 들었다. 예수님은 제자들에게 "어찌하여 자느냐. 시험에 들지 않게 일어나 기도하라"고 책망하신다.

결국 제자 대부분은 예수님이 체포되자 도망갔고, 베드로는 예수님을 세 번이나 부인하는 자가 되었다. 그 후 사도행전 1장에서 제자들의 태도가 완전히 변하였다. 그들은 예수님의 말씀대로 10일 동안 성령이 부어질 때까지 간절히 기도하였다.

"여자들과 예수의 어머니 마리아와 예수의 아우들과 더불어 마음을 같이하여 오로지 기도에 힘쓰더라"(행 1:14).

제자들은 성령이 부어질 때까지 마가의 다락방에 모여 계속 기도하였다. 지금 우리는 그들이 10일 동안 기도하다가 성령의 부음을 받았다는 것을 알고 있지만 제자들은 10일 후에 성령이 부어질지 100일 후에 성령이 부어질지 몰랐다. 그들은 성령이 부어질 때까지 기도한 것이다. 어떻게 이들이 갑자기 이렇게 간절히 기도하는 사람들이 되었는가? 그전에는 그렇게 예수님께서 직접 기도에 대한 강의를 하여도 기도하지 않았고 감람산에서 예수님께서 직접 부탁하셨어도 기도하지 않았는데 어떻게 갑자기 오로지 기도에 전념하는 자들이 되었는가?

요한복음 21장에 보면 예수님께서 십자가에서 죽으시고 삼일 만에 부활하셔서 제자들에게 나타나셨다. 그러나 베드로는 물고기를 잡으러 간다고 하며 갈릴리 바다로 갔다. 그때 다른 제자들도 같이 갈릴리 바다로 돌아갔다. 그들은 부활하신 예수님을 보았지만 비전도 버리고 사명도 버리고 자신들의 옛 직업인 어부로 돌아갔다.

그들이 예수님을 따라다닌 일은 해프닝이었고 한낱 허황된 꿈이었다. 그들은 밤이 새도록 그물을 바다에 던졌지만 아무것도 잡지 못하였다. 새벽 미명에 예수님께서 그들에게 나타나셔서 그물을 오른편에 던지라고 하여 순종하였을 때 그물이 찢어질 정도로 물고기를 많이 잡았다. 그때까지만 해도 그들은 그물을 오른편에 던지라고 하신 분이 예수님인지 몰랐다. 요한은 곧바로 "주님"이라고 외쳤다. 베드로는 '주님'이라는 말에 겉옷을 두른 후 바다에 뛰어들었다. 이것은 부활하신 예수님이 제자들에게 세 번째 나타나신 것이다.

베드로는 부활하신 예수님을 두 번이나 만났어도 지금 살아 계셔서 자신의 삶을 도와주시는 예수님에 대한 확신이 없었다. 그런데 세 번째 나타나신 예수님을 만난 후 완전히 달라졌다. 그는 지금 살아 계신 예수님에 대한 신뢰가 생겼다. 그가 밤새 물고기를 잡지 못하였는데 주님께서 "그물을 오른편에 던지라"고 하여 순종하였더니 엄청난 고기를 잡게 되었다. 그는 지금 살아 계셔서 나를 도우시는 예수님에 대한 분명한 확신과 신뢰가 생겼다.

그 예수님께서 하늘로 승천하시면서 성령이 부어질 때까지 계속 기도하라고 말씀하셨기에 오직 기도에 전념하는 기도의 사람이 되었다. 누가 간절히 기도할 수 있는가? 기도하면 응답해 주신다는 확신과 기대가 있을 때 할 수 있는 것이다. 당신이 기도하지 않는다는 것은 주님의 능력을 믿지 않는다는 것이다. 당신이 예수님을 주인으로 모시고 산다면 모든 것에 대해 그분과 대화하라. 수시로 그분과 대화하라.

미국에 27세에 백만장자가 된 폴 마이어라는 사람이 있다. 그는 교육, 컴퓨터, 부동산, 인쇄, 제조, 항공 등 40개가 넘는 회사를 가고 있고, 수익의 50%를 십일조와 기부에 드리는 위대한 삶을 살고 있다. 그에게 어떤 사람이 질문을 하였다.

"당신은 크리스천으로서 가장 중요한 것이 무엇이라고 생각합니까?"

그는 주저하지 않고 대답하였다.

"기도를 통해 하나님과 대화하는 것입니다. 기도가 내 삶의 가장 중요한 큰 부분이 되기 시작하면서 모든 것이 달라지기 시작했습니다. 이전까지는 기도가 지루하고 따분한 것이었으나 기도를 하면 할수록 내 삶과 하나님에 대해, 그리고 나 자신에 대해 상상을 초월하는 많은 일이 일어났습니다."

당신의 주인이 예수님이신가? 그렇다면 주인과 대화하라. 당신의 주인이 예수님이신가? 그렇다면 혼자 결정하지 말라. 주인과 대화하라. 주님은 당신이 생각지도 못한 일을 행하실 것이다. 주님은 당신이 생각지도 못한 지혜를 주실 것이다. 우리의 생각과 우리 주인이신 예수님의 생각은 다르다. 그분의 생각이 옳다. 그분의 생각이 맞다. 매 순간 주인 되신 그분에게 물어보라.

우리 그리스도인의 최고 문제점이 무엇인가? 바로 교만하여 주님을 찾지도 않고 의지하지도 않는 것이다. 출애굽한 이스라엘 백성들이 가나안 땅에 들어갈 때 모세가 제일 걱정한 것이 무엇인가? 모세는 40년 광야생활을 마치고 가나안 땅을 향해 가는 그들에게 목소리 높여 외친다.

"또 네 소와 양이 번성하며 네 은금이 증식되며 네 소유가 다 풍부하게 될 때에 네 마음이 교만하여 네 하나님 여호와를 잊어버릴까 염려하노라. 여호와는 너를 애굽 땅 종 되었던 집에서 이끌어 내시고"(신 8:13-14).

요즘 모든 것이 다 풍성한가? 소와 양이 많은가? 하는 일이 다 잘되는가? 은금이 많아져서 은행에 돈이 쌓이고 있는가? 소유가 풍성해졌는가? 사람은 모든 것이 잘 되면 저절로 생기는 것이 교만이다. 교만은 교만하려고 공부하거나 노력하지 않아도 된다. 그냥 저절로 되는 것이 교만이다.

당신이 기도하고 있지 않는가? 기도의 자리에 가지 않는가? 교만해서 그렇다. 잘 될 때 겸손해야 한다. 잘 될 때 기도해야 한다. 잘 될 때 주님을 찾아야 한다. 주님을 찾지 않는 때가 가장 위험한 때다.

## 예수가 주인인 자는
## 주인의 음성을 들어야 한다

당신이 예수님을 주인으로 모셨다면 주인의 음성을 들어야 한다.

"내 양은 내 음성을 들으며 나는 그들을 알며 그들은 나를 따르느니라"(요 10:27).

예수님의 음성은 여러 가지가 있다.

첫 번째로 기록된 성경 말씀이 예수님의 음성이다.

"주의 말씀은 내 발에 등이요 내 길에 빛이니이다"(시 119:105).

내가 무엇을 해야 할지 알지 못할 때 성경 66권 중에 한 권을 택하여 끝까지 쭉 읽어보라. 말씀 중에 내가 어떻게 해야 할지 말씀하실 것이다. 하나님의 말씀이 우리 각자에게 말씀하신다.

두 번째로 성령의 감동이 예수님의 음성이다.

"보혜사 곧 아버지께서 내 이름으로 보내실 성령 그가 너희에게 모든 것을 가르치고 내가 너희에게 말한 모든 것을 생각나게 하리라"(요 14:26).

구약시대에는 하나님께서 직접 말씀하셨다. 신약시대에는 성자 하나님께서 직접 제자들과 무리에게 말씀하셨다. 지금은 성령께서 우리 각자에게 성령의 감동으로 말씀하신다.

사도행전 5장에 아나니아와 삽비라가 땅을 팔고 땅값을 속이고 베드로 앞에 나타난 사건이 기록되었다. 베드로는 이들이 거짓말을 하고 있다는 것을 즉각 알았다. 이것은 성령께서 가르쳐준 것이다.

사도행전 9장에 사울이 다메섹에서 예수님을 만나고 눈이 멀게 된 사건이 나온다. 사울이 눈이 멀어 3일 금식하고 있을 때 주님께서 아나니아에게 "일어나 직가로 가라. 거기 가서 사울이라는 자를 찾으라"고 말씀하셨다.

사도행전 10장에 베드로가 기도 중에 하늘에서 보자기가 내려오는 환상을 보게 된다. 그 보자기 안에는 속되고 부정한 음식이 가득하였다. 주님께서 그 음식을 먹으라고 하였다. 그가 이 환상이 무엇인가 생각할 때에 성령께서 이방인에게 가라는 것이라고 가르쳐주셨다.

사도행전 13장에 바울과 바나바는 선교하라는 성령의 음성을 듣고 1차 전도여행을 떠난다. 지금도 이런 성령의 감동이 있다.

세 번째로 우리가 가장 쉽게 예수님의 음성을 알 수 있는 것은 우리 안에 있는 선한 양심이다.

사람은 누구나 태어나면 그 사람 주변에 있는 상황에 의해 양심이 형성이 된다. 그 양심과 선한 양심은 조금 다르다. 거짓말을 많이 하는 가정에서 태어난 자녀는 거짓말을 하여도 양심에 가책이 없다. 거짓말을 전혀 하지 않는 가정에서 태어난 자녀는 조그마한 거짓말에도 굉장한 양심에 가책을 가진다. 그래서 양심이란 성장환경에 따라 다른 것이다. 그래서 바울은 그냥 양심을 따라 산다고 말하지 않고 선한 양심을 따라 산다고 말하였다.

"바울이 공회를 주목하여 이르되 여러분 형제들아 오늘까지 나는 범사에 (선한) 양심을 따라 하나님을 섬겼노라 하거늘"(행 23:1).

여기에 양심이라는 말에 원어에는 '아가데' 라는 선한 이라는 말이 있다. 영어에서는 바울의 양심은 선한 양심으로 번역하였다(good conscience, RSV, NIV, KJV). 바울은 디모데전서에서 착한 양심을 가지라고 권면한다.

"믿음과 착한 양심을 가지라. 어떤 이들은 이 양심을 버렸고 그 믿음에 관하여는 파선하였느니라"(딤전 1:19).

베드로도 선한 양심을 가지라고 말한다.

"선한 양심을 가지라. 이는 그리스도 안에 있는 너희의 선행을 욕하는 자들로 그 비방하는 일에 부끄러움을 당하게 하려 함이라" (벧전 3:16).

히브리서 기자는 악한 양심에서 벗어나야 함을 말한다.

"우리가 마음에 뿌림을 받아 악한 양심으로부터 벗어나고 몸은 맑은 물로 씻음을 받았으니 참 마음과 온전한 믿음으로 하나님께 나아가자"(히 10:22).

선한 양심은 하나님의 말씀으로 인해 형성된다. 이 선한 양심을 날마다 말씀으로 성숙시켜야 한다. 그 선한 양심이 바로 예수님의 음성이다. 그래서 매일 예수님을 주인으로 삼는 것이 어려운 것이 아니다. 내 안에 계신 그분께서 우리의 선한 양심을 통해 늘 말씀하신다. 주님의 음성은 예수님을 주인으로 모시는 자에게는 들린다.

"내 양은 내 음성을 들으며 나는 그들을 알며 그들은 나를 따르느니라"(요 10:27).

매 순간 그분을 주인으로 모시고 그분의 음성을 듣고 살라. 그분은 오늘도 말씀하신다. 내 선한 양심에 거리낌이 있다면 그 일을 하지 말라. 내 선한 양심에 기쁨이 있다면 그 일을 하라. 우리는 자주 "주님, 말씀하옵소서. 종이 듣겠나이다"라고 하며 주인의 음성에 귀를 기울여야 한다.

# 예수가 주인인 자는
# 주인의 음성에 순종해야 한다

예수님 당시에는 로마가 세계를 지배하고 있었다. 그때는 수많은 노예와 종이 있었다. 로마 인구의 반이 노예였다고 기록하고 있다. 바울은 자신을 소개할 때는 언제나 예수님의 노예라고 표현하였다. 우리 성경에는 종으로 되어 있지만 더 정확한 번역은 노예다. 노예는 아무런 자기 의사표현이 없다. 그저 주인의 말에 순종할 뿐이다. 바울은 예수님의 노예가 되는 것을 즐겨하였다. 그는 자발적으로 노예를 자청한 것이다.

예수 믿는다고 말만 하지 말고 예수님을 주인으로 모시고 그분의 음성에 100% 순종하는 예수님의 노예가 돼라. 매 순간 그분의 음성에 순종하라. 내 능력을 믿지 말라. 철저히 주님을 의존하는 주님의 노예가 돼라.

예수님의 노예는 염려하거나 두려워하지 않는다. 예수님의 노예는 불안해하지 않는다. 예수님의 노예는 자랑하거나 교만하지 않는다. 예수님의 노예는 화내지 않는다. 예수님의 노예는 혈기 부리지 않는다. 예수님의 노예는 남을 비판하지 않는다. 예수님의 노예는 불평하지 않는다.

예수님의 노예는 늘 감사할 뿐이다. 예수님의 노예는 심플 라이프를 산다. 그분은 폭군이 아니시다. 우리의 주인이신 예수님은 노예인 나를 위해 죽어주신 정말 최고의 주인이시다. 천하고 천한 우리가 예수님의 노예가 된다는 것은 특권이다.

미국에 대학생 선교회라는 C.C.C가 있다. 나도 대학시절에 이곳 멤버로 활동하였다. 이 C.C.C를 창립한 빌 브라이트는 사영리라는 책을 만들어 전세계에 25억 부를 배포하였다. 또 예수라는 영화를 찍어 660개 언어로 번역했고 40억 명이 이 영화를 보았다. 그는 정말 위대한 인생을 살았다. 그의 무덤에 가보면 그의 묘비에는 딱 두 글자만 새겨져 있다.

"예수님의 노예."

그는 정말 예수님의 노예로 살았기에 위대한 인생을 살았다.

우리가 예수님을 주인으로 모시고 그분의 말씀에 순종하는 만큼 위대한 인생을 살게 되어 있다. 예수님은 자신의 말씀에 순종하는 자에게 자신을 드러내신다. 예수님의 모든 능력과 풍성함을 맛볼 수 있는 것은 오직 순종할 때에만 가능하다. 순종은 학력이 높지 않아도 된다. 순종은 돈이 없어도 된다. 순종은 능력이 없어도 된다. 순종은 믿음이다. 한 가지를 순종하면 10가지를 순종할 수 있다. 처음 순종이 중요하다. 매일 순종의 범위를 넓혀 가라. 주님은 순종하는 자에게 계속 말씀하신다.

출애굽한 이스라엘 백성과 모세와 차이점이 무엇인가? 모세는 하나님의 음성에 100% 순종하였고 이스라엘 백성들은 늘 불평하였다. 하나님은 많은 사람을 원하시지 않는다. 하나님의 말씀에 100% 순종하는 한 사람을 원하신다.

디엘 무디는 초등학교도 나오지 않았다. 그러나 그가 하나님의 말씀에 순종하기 시작하였을 때 상상도 할 수 없는 세계가 열렸다. 우리에게는 지식이 부족한 것이 아니라 순종이 부족하다. 어제보다 오늘 더 순종하는 자로 살라. 예수님이 주인이 된 자는 성공하기 위해 사는 자가 아니라 그분의 음성에 순종하기 위해 사는 자다. 예수님이 주인이 된 자는 순종으로 주인을 향한 사랑을 밖으로 표현한다. 예수님을 진짜 주인으로 모시는 자는 불순종이 순종보다 더 어렵다. 왜냐하면 불순종하면 계속 마음에 부담이 남기 때문이다.

## 예수가 주인인 자는
## 주인과 동행해야 한다

하나님께서 왜 사람을 하나님의 형상대로 창조하셨는가?

"너희를 불러 그의 아들 예수 그리스도 우리 주와 더불어 교제하게 하시는 하나님은 미쁘시도다"(고전 1:9).

하나님이 하나님과 닮은 사람을 창조하심은 하나님과 교제하게 하시기 위함이다. 결혼해서 자녀를 왜 낳는가? 자녀와 친하게 지내기 위함이다. 하나님은 우리를 지으시고 우리와 친해지기 원하신다. 하나님과의 친밀함은 성경 전체에 흐르는 주제다. 에덴동산에서 아담과 하와는 하나님과 친밀한 교제를 누리며 살았다. 하나님과 친밀감을 누릴 때 아담은 그 무엇도 부족한 것이 없었다. 아무런 외로움도, 열등감도, 애정결핍도, 질병도 없었다.

아담이 범죄함으로 하나님과의 친밀한 관계가 깨어졌다. 아담이 범죄하여 하나님의 얼굴을 피해 숨었다. 그때 하나님은 아담을 찾아오셨다.

"여호와 하나님이 아담을 부르시며 그에게 이르시되 네가 어디 있느냐"(창 3:9).

하나님은 아담이 어디에 숨어 있는지 다 아신다. 그러나 하나님은 아담이 스스로 하나님에게 나아오길 원하시면서 아담에게 네가 어디 있느냐 물으신다. 오늘도 하나님은 하나님과 친밀함을 잃어버린 자들을 향해 부르신다.

"네가 어디에 있느냐?"

하나님은 우리와의 교제를 포기하지 않으신다. 하나님은 아담 이후에 계속 하나님과 친하게 지낼 자를 찾으셨다. 마침내 아담의 7

대손인 에녹이 하나님과 동행하는 자가 되었다. 에녹은 365세를 살았는데 65세에 중대한 결정을 하였다. 그는 65세에 므두셀라를 낳고 하나님과 동행하기 시작하였다.

"에녹은 육십오 세에 므두셀라를 낳았고 므두셀라를 낳은 후 삼백 년을 하나님과 동행하며 자녀들을 낳았으며"(창 5:21-22).

에녹은 65세 이후 300년을 더 살면서 하나님과 동행하는 자로 살았다. 이것은 정말 위대한 기록이다. 하나님과 동행, 이것이 하나님께서 정말 원하시는 인간의 삶이다. '에녹'의 이름의 뜻은 '시작하는 자'다. 에녹은 하나님과 동행을 '다시 시작한 자'다. 하나님과 친밀하게 동행하는 것이 얼마나 위대한지 에녹은 사람이면 모두 다 죽는 죽음을 통과하여 천국으로 가버렸다. 에녹의 손자인 노아도 할아버지 에녹처럼 하나님과 동행하는 삶을 살게 되었다.

"이것이 노아의 족보니라. 노아는 의인이요 당대에 완전한 자라. 그는 하나님과 동행하였으며"(창 6:9).

성경에 등장하는 하나님과 동행하는 두 번째 사람은 노아다. 에녹이 하나님과 동행하는 삶을 300년 살다가 천국에 간 이후 그의 아들 그의 손자에게도 그대로 전수되어 그의 증손자인 노아에게서 또

다시 하나님과 동행하는 삶이 꽃을 피웠다.

어느 날, 하나님께서 노아에게 방주를 지으라는 말씀을 하셨다. 노아는 그 음성에 그대로 순종하였다. 노아는 아무런 불평이나 불만이나 불가능한 명령이라고 하지 않고 또 미루지도 않았다. 노아는 자녀들을 좀 더 양육한 후 하겠다고 말하지 않았다. 노아는 자신만 산속에 들어가서 방주를 지으면 안 되겠느냐고 타협하지도 않았다. 노아는 하나님께서 방주를 지으라고 명령하실 때에 즉시 모든 말씀대로 다 순종하였다.

"노아가 그와 같이 하여 하나님이 자기에게 명하신 대로 다 준행하였더라"(창 6:22).

노아는 120년 동안 방주를 지었다. 120년 동안 수많은 사람의 조롱과 비방을 받았다. 하늘에서는 비가 올 징조가 조금도 없었다. 노아는 세상적인 성공은커녕 비웃음거리로 120년의 세월을 보냈다. 하지만 노아는 매일 매 순간 하나님과 동행하였다.

노아는 과거에 배를 짓던 어부나 목수가 아니었다. 그런데 어떻게 그렇게 큰 배를 지을 수 있었는가? 노아는 하나님과 동행하였기에 하늘로부터 오는 지혜가 있었다. 노아는 어떻게 100년에서 120년 정도가 되는 그렇게 긴 세월 오직 방주만 지을 수 있는가? 하나님과 동행하였기 때문이다.

하나님과 동행하는 자는 세상 사람의 조롱과 비방을 이길 수 있다. 하나님과 동행하는 자는 세상 사람이 알지 못하는 지혜를 가진다. 하나님과 동행하는 자는 이 세상을 능히 이길 힘이 있다. 하나님과 동행하는 자는 세상 모든 사람이 대홍수로 다 죽어도 살아날 길이 있다. 하나님과 동행하는 자는 120년 동안 비가 올 아무 징조 없어도 하던 일을 계획대로 할 수 있다. 노아 당시 누가 가장 지혜로운 자인가? 바로 하나님과 동행한 노아가 가장 현명한 자며 가장 지혜로운 자였다. 노아는 모든 사람이 다 홍수로 죽어도 살아남은 자가 되었다. 노아는 새로운 인류의 문을 여는 자가 되었다.

성공하려고 하지 말고 하나님과 동행하려고 하라.
하나님과의 동행이 진짜 성공이다.
하나님과 동행하라.
하나님과 동행하는 순간이 인생 최고의 전성기다.

'노아'라는 이름의 뜻은 '위로'이다. 노아는 사람을 향한 하나님의 위로다. 하나님과 친밀함을 가지는 자는 모든 사람에게 위로를 줄 수 있다. 하나님은 끊임없이 사람과 교제하길 원하시고 하나님과 동행하는 자를 찾으신다. 하나님은 우리와 다시 친밀감을 가지기 위해 예수님을 보내주셨다. 예수님을 주인으로 모시는 자는 누구든지 하나님과의 친밀한 관계가 다시 시작된다. 당신은 매일 매 순간 예수님을 주인으로 모시고 하나님과 동행하라. 당신이 현대판 에녹이 돼라.

무슨 일을 하든 예수님과 동행하라. 그러면 분명 어제와 다른 오늘을 살 수 있다. 오늘 그분과 동행하길 결심하면 된다. 지금 그분과 동행하라. 전혀 새로운 길이 열릴 것이다. 나 혼자 힘으로 세상 욕심만 채우며 사는 허무한 삶을 살지 말라. 당신이 당신의 주인 되신 주님과 동행한다면 허무함을 넘어 탁월한 인생을 살게 될 것이다.

당신은 허무함을 향해 살도록 창조되지 않았다. 당신은 지루하게 살도록 창조되지 않았다. 예수 믿는다고 하지만 늘 초라하게 살아가는 삶을 청산하고 주님과 동행하여 탁월한 삶을 살기 바란다. 오늘 나 혼자 애쓰는 인생을 정리하라. 에녹이 65세를 삶의 분기점으로 삼았던 것처럼 오늘이 당신 삶에 분기점이 되게 하라.

당신은 누구를 믿고 사는가?
당신 자신이나 돈을 믿고 사는가?
그리스도인의 삶의 비극은 예수를 믿어도
계속하여 자신의 힘으로만 사는 데 있다.

날마다 그분과 동행하라. 예수 믿는다고 하면서 불신자처럼 살지 말라. 그리스도인은 불신자들과는 완전히 달라야 한다. 예수 믿는 사람은 삶의 목표가 성공이나 유명이라면 잘못된 것이다. 물론 성공하여 하나님께 영광을 돌리면 된다. 하지만 그 속에 내 욕심이 더 가득함이 문제다. 우리는 이 세상에서 성공만을 위해 살면 안 된다. 우리의 목표는 일시적인 이 세상이 아니라 영원한 천국이다. 즉 곧 사라져 버릴 이 세상을 향해 사는 자가 아니라 영원한 천국을 향해 살아야 한다. 또한 삶의 목표가 큰일이나 큰 사역이 되면 안 된다. 큰 사역을 하지 않아도 된다. 하나님은 우리에게 큰 사역이냐 작은 사역이냐를 묻지 않으시고 맡겨진 달란트를 잘 감당했는가를 물으실 것이다. 그러므로 우리의 목표는 주인 되신 주님을 닮는 것이 되어야 한다.

당신의 주인은 당신이 아니라 주님이시다. 예수님이 주인인 자는 시간이 갈수록 예수님처럼 살게 된다. 예수님은 언제나 나와 아버지는 하나라고 하셨다.

"나와 아버지는 하나이니라 하신대"(요 10:30).

우리의 최고 인생 목표는 예수님과 하나가 되는 것이다. 우리도 이런 말을 할 수 있어야 한다. "나와 예수님은 하나다."

당신의 비전은 더 큰 성공, 더 많은 돈을 버는 것이 아니라 예수님과 더 가까워지는 것이 돼라. 큰 사역, 큰 비전을 이루려고 하지 말라. 그것은 사람들의 눈을 의식하는 것이다. 그냥 오늘도 그분을 주인으로 삼고 그분에게 순종하며 살라. 그것이 진짜 성공이며 진짜 삶이다.

당신이 십 년 정도 예수를 믿었다면 주위에 있는 자들로부터 "당신은 꼭 예수님 같다"라는 말을 들어야 한다. 만약 그렇지 않다면 오늘부터 예수님이 당신의 주인이 되게 하라. 그렇게 산다면 10년 안에 "당신은 예수님 같다"는 말을 듣게 될 것이다.

제발 혼자 다니지 말라. 그분과 동행하라. 혼자 생각하지 말라. 그분에게 물어보라. 늘 그분을 주인으로 모시고 그분이 원하는 그분의 길을 가라. 나는 대학시절 찰스 M. 쉘돈이 지은 「예수님이라면 어떻게 하실까?」라는 책을 읽고 큰 도전을 받았다. 만약 매 순간 예수라면 어떻게 할 것인가 생각하며 산다면 정말 예수와 동행하는 삶이 될 것이다.

My way 삶을 청산하고 Lord way의 삶을 살라. 그것이 진정한 성공이다. 나는 꿈꾸어 본다. 한국이 예수가 가득한 나라가 되길….


## 예수가 주인이 된 자는
## 주인을 기쁘시게 해야 한다

많은 사람이 이 세상의 성공을 위해 산다. 성공을 위해 사는 자는 성공에 휘감겨 개인의 삶도 상처를 입게 하고 가족도 상처를 입히고 주변 사람을 다치게 한다. 우리는 이 세상에서만 성공하기 위해 사는 자가 아니다. 우리의 목표는 주인이신 예수님을 기쁘시게 하기 위해 사는 것이다. 바울은 삶의 목표를 분명히 하였다.

"그런즉 우리는 몸으로 있든지 떠나든지 주를 기쁘시게 하는 자가 되기를 힘쓰노라"(고후5:9)
"이제 내가 사람들에게 좋게 하랴. 하나님께 좋게 하랴. 사람들에게 기쁨을 구하랴. 내가 지금까지 사람들의 기쁨을 구하였다면 그리스도의 종이 아니니라"(갈 1:10).

성경에는 자기를 기쁘게 하기 위해 산 자와 주를 기쁘시게 하기 위해 산 자로 나누어져 있다. 아담과 하와는 이 세상에서 가장 좋은 최고의 동산에서 살았지만 하나님의 말씀에 순종하기보다 자기만족을 위해 먹음직스럽고 보암직스럽고 탐스러운 것을 보고 먹고 말았다. 그 결과 에덴동산에서 쫓겨났다.

가인은 자기 동생을 시기하여 살인을 행하였다. 가인은 하나님을 기쁘시게 하기보다 자신의 기분대로 행동한 것이다. 에서는 자신의 배고픔을 해결하기 위해 장자의 명분을 가볍게 여기는 망령된 행위를 하였다. 아간은 금과 은과 시날산 외투를 훔친 결과로 아이 성전투에서 큰 패배를 가져다주는 자가 되어 돌에 맞아 죽었다.

사울 왕은 아말렉과 전쟁하기 전에 사무엘 선지자로부터 전리품은 아무것도 가지고 오지 말라는 명령을 받았지만 그 명령을 어기고 살진 소와 양을 데리고 왔다. 사울 왕은 잠시 하나님께 쓰임받았지만 버림받는 자가 되었다. 사탄이 외치는 슬로건은 '쓰임받고 버림받자'다. 솔로몬은 자신을 기쁘게 하려고 1,000명의 부인을 두었지만 죽기 직전에 그가 마지막으로 쓴 책인 전도서에서는 "인생은 헛되고 헛되며 헛되고 헛되니 모든 것이 헛되도다"라고 말한다.

반면에 하나님을 기쁘시게 한 자들도 있다. 노아는 하나님의 말씀에 순종하여 120년 동안 방주를 지었다. 그는 주변 사람으로부터 온갖 비난과 욕설을 들었다. 하지만 노아의 관심은 세상의 성공이 아니라 하나님을 기쁘시게 하는 것이었기에 세상 사람의 비난 때문에 방주를 짓는 것을 멈추지 않았다.

아브라함은 75세에 본토 친척 아비 집을 떠나 하나님이 말씀하시는 곳으로 갔다. 아브라함의 최고의 관심은 하나님의 말씀에 순종하는 것이었다. 심지어 자신의 독자인 이삭도 바치라고 하자 주저하지 않고 그 말씀에 순종하기 위해 이른 새벽에 일어나 모리아산을 향해 떠났다. 그의 관심은 하나님을 기쁘시게 하는 것이었다.

다윗은 하나님을 기쁘시게 하는 자로 살아서 하나님의 마음에 합한 자가 되었다. 그래서 하나님은 메시아를 다윗의 가문에서 태어나게 하셨다. 다윗은 쓰임받고 버림받은 사울 왕과는 아주 대조적인 자다. 그는 사울 왕과는 대조적으로 쓰임받고 칭찬받는 자였다.

예수님의 제자들은 단 한 명도 세상 성공을 위해 살지 않았다. 가룟 유다를 제외한 11명의 제자들은 복음을 전하다가 다 순교하였다. 그들은 세상적인 눈으로 볼 때는 실패한 자들이다. 그러나 하나님의 눈으로 볼 때는 위대한 인생을 산 자이다. 그들은 자신의 성공을 위해 살지 않았다. 오직 주인이신 예수님을 기쁘시게 하기 위해 살았다.

사도 바울도 세상적인 눈으로 볼 때는 실패한 자다. 로마 감옥에 갇혀 쓸쓸히 말년을 보냈으며 마지막은 돌기둥에 목을 올려놓고 칼에 잘려 죽는 비참한 최후를 맞이하였다. 그러나 그는 죽음 직전에 이런 말을 하였다.

"나는 선한 싸움을 싸우고 나의 달려갈 길을 마치고 믿음을 지켰으니 이제 후로는 나를 위하여 의의 면류관이 예비되었으므로 주 곧 의로우신 재판장이 그날에 내게 주실 것이며 내게만 아니라 주의 나타나심을 사모하는 모든 자에게도니라"(딤후 4:7-8).

그는 선한 싸움을 싸우고 자신이 달려갈 길을 다 달리고 마쳤다고 하였다. 그는 그에게 의의 면류관이 기다리고 있다고 확신하였다. 그는 이 세상 성공을 위해 살지 않았다. 오직 주를 기쁘시게 하는 자로 살았다. 바울의 인생은 주님 앞에서 성공한 인생이다. 그는 마지막 순간까지 믿음을 지키고 주를 기쁘시게 하는 자로 살았다.

우리도 이 세상의 성공이 아닌 주님 앞에 성공하는 자로 살아야 한다. 주를 기쁘시게 하는 자는 단지 이 세상만을 위해 사는 자가 아니다. 그들은 영원한 땅을 향해 사는 자이다. 주를 기쁘시게 하는 자의 삶은 낙심도 절망도 후회도 없다. 날마다 기대가 넘칠 뿐이다. 우리도 주를 기쁘시게 하는 자로 살아야 한다.

엘리자베스 2세의 할머니가 엘리자베스 2세에게 쓴 편지를 소개한다.

네가 나의 아들인 너의 아빠를 얼마나 사랑했는지 나는 잘 알고 있단다. 너의 아빠를 잃어서 너의 마음이 참담한 만큼 내 마음도 참담하단다. 하지만 이제 너는 그런 사소한 감정을 반드시 한쪽으로 치워야만 한다. 왜냐하면 너의 새로운 의무가 너를 부르기 때문이란다.

네 아버지의 죽음은 이제 온 나라에 넓게 퍼져 나갈 것이다. 이 나라의 백성들은 새롭게 여왕이 된 너에게서 강인함과 리더십을 필요로 할 것이다. 나는 앞선 세 명의 위대한 왕이 파멸하는 것을 보았다. 그것은 개인적인 탐욕과 왕의 의무를 구별하지 못하였기 때문이었다.

너는 그들과 같은 실수를 용인해서는 안 된다. 너는 오늘 너의 아빠를 애도하며 동시에 또 한 명을 애도해야 한다. 그녀의 이름은 바로 엘리자베스 너란다. 엘리자베스는 죽었고 이제 너는 다른 사람인 엘리자베스 여왕으로 바뀌었다. 네 안에는 두 엘리자베스가 항상 서로 싸울 것이다. 분명한 사실은 너 개인은 죽고 여왕이 살아야 한다. 여왕이 이겨야만 한다. 항상 여왕이 이기게 하라.

이제 책을 마치려 한다. 매일 당신은 죽고 당신 안에 계신 왕이 살게 하라. 정말 최고의 인생이 펼쳐질 것이다. 내가 죽고 그분을 기쁘시게 하는 삶을 살면 결코 후회하지 않는 인생이 될 것이다.

"나는 이제 주님의 것이다"(I am now the Lord's).
"나의 주인은 예수님이시다"(My lord is Jesus).

당신 삶에 예수가 전부가 되게 하라. 나는 사라지고 예수가 커져야 한다. 예수가 나의 주인이 되는 것은 인생 최고의 행운이다.

오늘도 아침에 일어나자마자 기대에 가득 찬 얼굴로 주님께 물어본다.

"주인님, 나는 오늘 어떻게 살까요?"
"주인님, 나는 무엇을 할까요?"

> "만약 예수 그리스도께서 하나님이시고, 나를 위해 죽으셨다면, 그분을 위한 나의 그 어떤 희생도 대단할 수 없다." _ C. T. 스터드
> (If Jesus Christ be God and died for me, then no sacrifice can be too great for me to make for Him. _ C. T. Studd)

나는 어린 시절 엄마 등에 업혀 교회에 다니기 시작하여 평생 믿음생활을 하였다. 예수 믿기만 하면 구원을 얻는다는 말씀을 들었는데 예수님이 내 삶의 주인이 되어야 진정한 구원이 이루어진다는 말은 들어보지 못하였다. 목사가 되어 뒤늦게 진정한 구원은 예수를 믿을 뿐만 아니라 예수님을 주인으로 모시고 사는 것에 있다는 것을 알았다. 예수를 믿는 것은 죄의 뿌리인 나를 빼내고 내 안에 예수님이 들어오시는 것이다.

예수를 믿음으로 구원을 얻는 것을 법정적 칭의라고 말한다. 이 법정적 칭의는 자칫하면 한 번 구원받았으니 내 마음대로 살아도 된다는 이상한 믿음을 낳게 한다. 이런 사람은 삶과 믿음을 이분해서 생각하는 모순을 낳는다. 이것은 성경이 말하는 구원이 아니다. 정말 올바른 구원은 하나님으로부터 '너는 내 아들'이라는 법정적 칭의와 함께 하나님과의 깨어진 관계를 회복하고 아버지와 올바른 관계를 유지할 때 이루어지는 것이다.

관계의 회복이란 탕자로 살다가 아버지 집에 돌아온 아들처럼 다시 아버지와 아들의 관계가 회복된 것이다. 탕자는 자기 스스로 아버지의 아들이라 칭함을 받을 자격이 없다고 하지만 아버지는 탕자를 아들로 받아주었다. 이것은 아버지가 탕자에게 베푸는 은혜다. 동시에 아버지와 아들의 관계가 시작된 것이다.

탕자가 아버지의 집에 돌아온 순간 법적으로 아들의 자격이 회복됨과 동시에 아버지와의 관계가 회복되기 시작했다. 이제 탕자는 아버지와 좋은 관계를 계속 유지하여야 한다. 탕자가 아들이 되었다고 자기 마음대로 다시 허랑방탕하게 산다면 아버지의 은혜를 헛되이 하는 것이다. 아들이 되었다면 당연히 아들답게 살아야 한다.

구원은 하나님의 집에 돌아온 탕자가 아들의 관계를 유지하면서 계속 아버지 집에 살 때 이루어지는 것이다. 그 탕자가 다시 아버지 집을 떠난다면 구원이 없겠지만 아버지의 집에 거하면서 아들로 산다면 그 자체가 구원이다. 아버지 집에 거하는 탕자의 선한 행위가 구원을 결정하지 않는다. 구원은 전적인 아버지의 은혜로 되는 것이다. 아버지 집에 돌아온 아들이 아버지를 주인으로 모시고 살면 된다.

예수님을 구세주로 믿는 순간 구원을 얻는 것은 법정적 칭의에 해당하고, 예수님을 주인으로 모시고 사는 것은 관계의 유지에 해당한다. 예수님을 구세주로 믿고 예수님을 주인으로 모시고 사는 자에게는 구원이 있다. 예수를 믿어도 실수할 수 있다. 죄지을 수도 있다. 육체를 가진 우리는 얼마든지 죄를 지을 수도 있다. 그래서 연약한 우리를 도울 수 있는 성령님을 보내주신 것이다.

내 힘으로, 내 선한 행위로 구원받을 수 있는 사람은 아무도 없다. 그리고 또 구원은 오직 예수님의 보혈로 씻음을 받은 자만 받는다. 구원은 아버지를 떠나 내 힘으로 산 것이 모두 죄인 줄 알고 아버지 품에 돌아와 아버지 집에 거하는 자에게 주어지는 은혜이다.

유대인들에게 하나님을 아버지라 부르는 것은 신성모독이며 돌로 쳐 죽여야 할 큰 죄였다. 유대인들 중에 아무도 하나님을 아버지라 부른 사람이 없다. 오직 예수님만 하나님을 '아빠 아버지'라 불렀다. 이것은 혁명이었다. 예수님을 믿는 자는 예수님 때문에 하나님을 아버지라 부를 수 있게 되었다. 예수님께서 하나님과 우리의 관계를 아버지와 아들의 관계로 회복시켜 주셨다. 예수님이 아니고서는 아무도 하나님을 아버지라 부를 수 없다.

예수님만이 죄인인 우리를 하나님과 연결시켜 주시는 우리의 구세주다. 우리에게는 의로움이 없다. 그러나 예수님을 영접하고 그 예수님을 주인으로 모시면 의로움이 생긴다.

"의로 여기심을 받을 우리도 위함이니 곧 예수 우리 주(인)를 죽은 자 가운데서 살리신 이를 믿는 자니라"(롬 4:24).

예수를 주인으로 모시고 살라. 그러면 하나님께서 당신을 의인으로 여기실 것이다. 우리는 아담의 피를 물려받아 하나님과 관계가 깨어졌다. 그 깨어진 관계가 예수님을 주인으로 모실 때 회복된다.

"그러므로 우리가 믿음으로 의롭다 하심을 받았으니 우리 주(인) 예수 그리스도로 말미암아 하나님과 화평을 누리자"(롬 5:1).

이 예수를 주인으로 모시고 살면 삶의 열매는 저절로 나타난다. 내가 열매를 맺으려고 노력하지 않아도 된다. 열매에 신경 쓰지 말고 예수님을 주인으로 모시고 사는 것에 집중하면 된다. 혹자는 행위를 강조하면 구원의 커트라인이 얼마냐고 묻는 자가 있는데 구원의 커트라인은 필요하지 않다. 예수님을 구세주로 믿고 그 예수님을 주인으로 모시고 살면 된다.

우리에게는 구세주 예수님, 주인 되신 예수님, 도우시는 성령님, 모두 필요하다. 예수 없이는 구원이 없다. 오직 예수님만이 우리에게 구원을 주실 수 있다. 예수님의 피만이 우리의 죄를 깨끗하게 하신다. 나의 죄를 위해 십자가에서 죽으신 그 구세주 예수님을 주인으로 모셔야 한다.

예수를 믿음으로 구원을 받느냐, 예수를 믿고 선한 행위가 따라야 구원받느냐 하는 것은 신학적인 논쟁거리다. 나는 이것을 말하고 싶지 않다. 단지 예수를 주인으로 모시고 살면 행위는 저절로 따라

온다고 생각된다. 성경에는 분명 예수를 믿음으로 구원받는다는 말씀이 나오고 하나님의 뜻대로 행하는 자라야 구원을 받는다는 말씀도 나온다.

예수를 입으로 믿기만 하면 구원을 얻는다고 말하는 것은 삶의 행위가 없을 수 있기 때문에 예수님으로부터 천국 문 앞에서 책망받을 수 있다. 그렇다고 행위가 있어야 구원을 얻는다고 말하는 것은 하나님의 은혜나 십자가 보혈의 능력을 약화시킬 수 있다. 그러므로 한 가지만을 주장하는 것은 다 약점이 있다.

우리는 삼위일체를 완벽하게 증명할 수도 설명할 수도 없다. 그냥 믿어야 한다. 마찬가지로 구원 문제도 믿음으로만 구원받는다든지 믿고 행위가 따라야 구원받는다든지 하는 논쟁을 그치고 예수님을 구세주일 뿐만 아니라 주인으로 모시고 살면 된다.

우리는 예수를 믿어도 여전히 실수하고 여전히 죄를 범한다. 그러므로 연약함을 도우시는 성령님이 필요하다. 매 순간 예수님을 주인으로 모시고 성령님의 도움을 구한다면 성령님의 도우심으로 승리하는 그리스도인으로 살게 될 것이다.

성령의 도움 없이 내 힘이나 노력으로 구원을 유지할 수 있는 자는 없다. 예수를 믿음으로 구원을 얻었다. 그 얻은 구원을 유지할 수 있는 것은 예수님을 주인으로 모시고 살고 매 순간 성령님의 도움을 구하며 살면 된다. 예수를 믿음으로 구원을 얻는 것은 하나님께서 우리에게 베푸신 은혜이다. 또 예수님이 우리의 주인이 되시는 것도 은혜이다. 천하고 천한 우리 몸에 만왕의 왕이신 예수님께서 들어오셔서 사시는 것 자체가 엄청난 기적이며 크나큰 은혜이다. 우리의 구원은 전적인 하나님의 은혜이다.

이 책을 읽는 모든 분이 예수를 믿어 구원을 얻고 동시에 예수를 주인으로 모시고 살아 그 구원을 온전히 유지하여 모두 다 천국에 들어가는 축복이 있길 기도한다.

"이는 죄가 사망 안에서 왕 노릇 한 것같이 은혜도 또한 의로 말미암아 왕 노릇 하여 우리 주(인) 예수 그리스도로 말미암아 영생에 이르게 하려 함이라"(롬 5:21).

당신은 나 혼자 힘으로 사는 초라한 인생이 되길 원하는가?
예수를 왕으로 모시고 왕의 삶의 일부가 되길 원하는가?
나 혼자 힘으로 사는 천 일보다
그분을 왕으로 모시고 사는 하루가 되는 게 더 좋다.

# 소그룹 나눔 답안지

▶ 1과
5. 욥기 38장 : 자연세계를 만드신 하나님,
   욥기 39장 : 동물세계를 돌보시는 하나님


▶ 2과
1. 하나님처럼 되기 위해
2. 영적인 죽음, 육체적인 죽음, 영원한 죽음
3. 1) 아버지를 떠나 내가 주인이 되어 사는 것
   2) 아버지의 것을 내 것처럼 내 마음대로 사용한 것
4. 하나님을 마음에 두기 싫어 하는 것
5. 죄 = 나
6. 아버지 품에 안길 때, 하나님을 주인으로 모시고 살 때


▶ 3과
1. 자기 백성을 그들의 죄에서 구원한 자
2. 예수님의 피는 사람의 피가 아닌 하나님의 피이기 때문에 시간과 공간을 초월하여
   모든 인류의 죄를 깨끗하게 하신다.
3. 주인
4. 주
5. 두렵고 떨림으로 구원을 이루어야 한다.
6. 예수님을 구제주로 믿고 날마다 예수님을 주인으로 모시고 살면 된다.

▶ 4과
1. 우리의 주인이 되시기 위함입니다.

2. 암송
3. 둘 다
4. 죽음
5. 바울 당시에 예수님을 주인으로 모시면 순교할 만큼 위험한 일이다.
6. 생명을 얻게 됨, 자유함


▶ 5과
1. 야곱의 집을 다스릴 왕, 하나님의 아들
2. 이사야 선지자
3. 하늘과 땅의 모든 것을 다스릴 권세
4. 예수님을 하나님의 아들과 그리스도임을 믿어 생명을 얻게 하려고
5. 나의 주인


▶ 6과
1. 기쁨
2. 예수님을 손님이 아닌 주인으로 모시고 예수님의 말씀에 순종함으로
3. 유대교의 종교의식
4. 예수님의 대한 태도의 변화. 손님에서 주로
5. 베드로는 예수님을 선생으로 불렀다가 다시 주로 불렀다.
6. 예수를 구세주로만 믿은 것이 아니라 예수를 주인으로 모시고 살았기 때문이다.


▶ 7과
1. 성령
2. 내 곁에 계시면서 나를 변호하고 나를 인도해주시는 분
3. 간절히 구하는 것
4. 성령 충만 없이는 능력 있는 그리스도인으로 살아갈 수 없기 때문이다.
5. 예수님을 주인으로 영접한 자에게는 성령님이 계신다.